日本人の不信感
中国人の本心

李景芳
Ri Keiho

来日35年の私にようやくほぼわかったこと！

さくら舎

まえがき

私が留学生《りゅうがくせい》として初めて日本に来たのは一九八三年のことでした。当時中国からの留学は国費《こくひ》か公費《こうひ》に限られていたので、留学自体がまだまだ珍《めずら》しい時代でした。日本の大学へやって来る留学生も、今と比べると驚くほど少なく、中国からの他の留学生を見かけることはほとんどありませんでした。

それから三五年近く、中国からもたくさんの自費留学生が日本にやって来るようになりました。観光に来る人も増え、今では街を歩いていても、電車やデパート、観光地でも、どこからか中国語の声高な会話が耳に入ってくるようになりました。

逆に中国に帰ると、地下鉄やスーパー、街かどのあちこちで日本語の話し声が聞こえてきて、「あれっ?」と思うことも増えてきました。それは私をちょっと妙《みょう》な気分にしますが、国と国との間で始まった小さな交流が、緊密《きんみつ》な経済のつながり、普通の人々の往来に着実《ちゃくじつ》に広がってきたことを実感する瞬間でもあります。

しかし、互いの距離が近くなればなるほど、表面的には似ている日本人と中国人の内面の違いに驚き、時にはショックを受ける場面も増えてきます。もしそれが、もともと互いに関わりの少ない、歴史的にもまったく違う道を歩んできた二つの国、二つの文化の間のことであれば、それほど違和感やショックを感じることはないかもしれません。

しかし、千数百年以上の関わりを持ち、多くの文化的なルーツを共有する日本と中国では、似ている部分が多いだけに、互いのギャップが大きく感じられるようです。

でも、互いのギャップや衝突は、相手を理解する糸口でもあります。互いに感じた驚きが、次の理解を生み出します。

曖昧《あいまい》さが、日本人の「和」を保つための表現だとわかれば、中国人の持つ「日本人は理解しにくい人々、狡猾《こうかつ》な人々」という印象は、大きく変わるかもしれません。

また日本では一年中、どこへ行っても地方色豊かな祭りが盛んです。たとえ人命に関わるような大事故が起こっても、人々は頑固《がんこ》なまでに祭りのやり方を守り、それを変えたり、やめたりしようとはしません。

日本人の伝統を大切にする心、「型」を大事にする日本の文化が理解できれば、「寡黙な日本人も、たまにはストレス発散が必要なんだ……」といった表面的な見方は正されていくかもしれません。

私のまわりを見ても、実際に日本社会に住むことで、日本人、日本社会への認識が変わっていった中国人は少なくありません。どんな国でも、そこに暮らす人々の感じ方、考え方には、長年にわたって築かれたその地域の文化、日常の暮らしの背景があります。ですから違和感を感じることも含め、互いの日常生活、暮らしの中から、互いの考え方の背景を知ることは、とても興味深く、意義《いぎ》のあることではないでしょうか。そこにはきっと新しい発見があると思います。

さらに、他の文化を知ることによって、あらためてみずからを再認識する機会も広がるかもしれません。そして互いの背景となっている文化を知れば知るほど、共通する部分、共通する思いをきっと見つけられる。協力し共存する道がきっと見つけられる。互いの関係を変えることができる。そうした力を人間はきっと持っているのだと思います。

前作の『中国人を理解する30の「ツボ」』と『日本人と中国人永遠のミゾ』(ともに講談社+α新書)の出版では、日本の読者だけでなく、仕事や留学で日本に来ている中国の人、あるいは中国で日本語を勉強している学生からも「中国人向けに書いた本ではないようですが、ごく日常のことがらを通じて、日本や日本人を知ることができました」という意外な反応が返ってきたことも、嬉しい収穫でした。近くて遠い日本と中国、こうした小さな理解の積み重ねが、今こそ求められているのではないでしょうか。

李《り》 景芳《けいほう》

日本人の不信感　中国人の本心◉目次

第二章　なぜ、こんなに違うのか

第三章　認め合えるか、認め合えないか

第四章　人生観・死生観の問題

日本人の不信感 中国人の本心

——来日35年の私にようやくほぼわかったこと！

第一章　中国人の謎

なぜ、中国人は、いつも先を争うのか

バスや電車に乗る時、先を争うように我先に乗り込むのは、中国ではごく普通の光景です。かつて中国の専門家たちは「交通機関が発達《はったつ》して乗りそびれる心配がなくなれば、きっと人々はマナーを守って列を作って乗るようになる」と言ってきました。

ここ十数年、中国では交通機関がどんどん整備《せいび》され、電車もバスも地下鉄も便数《びんすう》が増えて、乗り損なうことを心配する必要はほとんどなくなりました。ところが、先を争うような乗車風景は一向に変わる気配がありません。

二〇〇八年の北京《ぺきん》オリンピックを前に、北京だけでなく多くの都市で「乗車マナーを守りましょう!」というキャンペーンが、たくさんのボランティアも参加して行われました。

しかし、オリンピックが終わってしまうと、そうしたマナーももとに戻ってしまったようです。二〇一〇年の上海万博《しゃんはいばんぱく》の前にも、外国からのお客さんを迎えるために、市民向けのマナーの冊子が配られました。

この冊子の中でも、乗車マナーを守りましょう!、順番を待つ時は、きちんと列を作って並びましょう!と、人々のマナー向上が訴えられましたし、同じ二〇一〇年に広州《こうしゅう》で開催されたアジア競技大会でも、とくに外国からお客さんを迎えるような大規模なイベント

の前には、かならずこうしたマナー向上の一大キャンペーンが行われます。

でも、残念ながら、こうしたマナーが中国人の間に定着《ていちゃく》するのは、まだまだ先のことのようです。

二年前、中国に帰った時も、バス停で待っているのはほんの数人でしたが、バスが来ると、一斉に先を争うように乗車口に殺到《さっとう》する光景に出会いました。

列車に乗る時も、指定席《していせき》で席の心配をする必要がないのに、やはり人々は他人を押しのけて我先に列車に乗り込もうとします。

まわりにお構いなく先を争う様子は、レディファーストの欧米人を呆れさせますが、どうやら列車やバスが到着すると、中国人の「先を争うスイッチ」が自動的にオンになるようです。

ところが、一旦バスに乗車すると、車内にお年寄りや小さな子どもを抱いたお母さんを見つけた中国人は、ほぼ例外なくその人たちに席を譲ります。あんなに先を争って飛び乗り、やっと確保した席をあっさり譲ってしまうのはなんだか矛盾《むじゅん》した行動ですが、これは中国のどこへ行っても普通に見られる光景《こうけい》です。

列車の場合も同じです。長距離を走る中国の寝台車《しんだいしゃ》は、三段のベッドで、一番下のベッドの料金が一番高く、二段目、三段目と上にいくほど安くなります。

しかし、二段目、三段目のベッドに梯子段《はしごだん》を使って登るのがつらそうなお年寄りや、子ども連れと一緒になると、大抵の中国人は自分が買った下の段のベッドとの交換を申し出ます。

その時、料金の差額《さがく》を要求《ようきゅう》するようなこともまずありません。また、指定席でも、混んだ列車の中ではできるだけ席をつめて、指定券を持っていない人が座れるようにしたり、場合によっては交替《こうたい》で席を代わってあげたりといった光景もよく見かけます。

つまり、中国人はかならずしも自己中心的《じこちゅうしんてき》という訳ではありません。乗車の時は、他人を押しのけて先を争うのに、一旦乗ってしまうと、それが指定席であっても見知らぬ乗客と譲り合うことに躊躇《ちゅうちょ》しません。これは外国人から見ると、まったく矛盾しているというか、無意味な乗車時の争いは訳がわからない行動に見えます。

これは「尊老愛幼（ズンラオアイヨウ：年寄りを敬い、子どもを慈しむ）」の伝統を持つ中国人自身にとっても、大きな矛盾です。

中国人も、そのことはわかっているのですが、それでも乗りものが来ると、なぜか突然「先を争う戦闘《せんとう》モード」のスイッチが入ってしまうのです。このことを考えていて、ふと以前聞いたネコの三角関係の話を思い出しました。

一匹のメスネコに二匹のオスネコが恋をすると、一匹のメスネコをめぐって二匹のオスネコのケンカが始まります。ここまでは普通の話です。ところが、ケンカの決着《けっちゃく》がついても、メスネコはその勝ったオスネコを選ぶとは限らないというのです。負けたオスネコを選んだり、あるいは両方のオスネコを無視してスタスタ歩いて行ってしまったり、メスネコは訳のわからない行動をとるそうです。それではオスネコ同士のケンカはなんだったんでしょう。

まったく意味不明のケンカですが、それでもオスネコは必死《ひっし》にケンカをくり返す……。ネコの世界も、人間の世界も謎だらけ。どうしても解《と》けない永遠の謎がこの世界にはあふれているようです。

ビュッフェで料理を一人占めする中国人

日本人は若い人たちでも「あの人はＫＹ（空気読めない）」としばしば口にするように、まわりの状況《じょうきょう》に敏感《びんかん》です。そんな日本人的な感覚からは、ちょっと想像できないような「空気を一切読まない」行動を中国人は平気でします。

これも知り合いの日本人から聞いた中国人へのクレームの一つ。最近は日本に来る中国人観光客が増えていますが、その日本人の知人は、そうした中国人の一団と、あるビュッフェ形式のレストランで一緒《いっしょ》になったそうです。

お料理のテーブルには、美味しそうな季節の寒ぶりのお刺身《さしみ》の舟盛《ふなも》りも出されていました。その舟盛りは人気で、何人もの人が順番《じゅんばん》を待って並んでいたそうです。

ところが、中国語をしゃべっていた女性がその料理の前に来ると、舟盛りの刺身を、全部かき集めて自分の皿に載せて持って行ってしまったというのです。

レストランの係員が慌てて次の皿を持って来たそうですが、並んでいた他のお客は啞然《あぜん》。でもその女性は自分の皿に、山のようにお刺身を積み上げ、当たり前のように立ち去って行ったそうです。

中国人の感覚では、その女性がとりわけマナーが悪いという訳でもありません。まわりを顧《かえり》みないのは、ある意味、中国人にとっては普通なのです。中国でもそこから不愉快になったり、口論になったりすることはありますが、一向《いっこう》に周囲《しゅうい》に気くばりする気配はありません。

早朝の大音量の権利を主張する中国人

中国語の「広場舞（グアンツァンウー）」というのは、街かどの空き地や広い歩道、公園、住宅の中の広場でくり広げられる人々の踊りの集《つど》いのことです。

中国に行った人はきっと一度は目にした光景だと思いますが、中国のどこでも朝晩に見かける、ごくごく日常の風景です。

もともと定年退職《ていねんたいしょく》後の人たちの手軽な楽しみとして、また健康作りのためにもよいから……と始める中高年の趣味《しゅみ》ですが、近年はこれもトラブルの種となることがあります。

あるマンションの敷地《しきち》内の広場で、この「広場舞《ひろばまい》」が行われていました。ただ高齢者《こうれいしゃ》だけにまだ薄暗い早朝から、それも大音量の音楽とともに始まるこのダンス大会に、周辺の住民から苦情《くじょう》が高まり、ついにマンションの高層階《こうそうかい》から、この「広場舞」のダンサーたち目がけて、汚物を投げつけるという事件が起こりました。

「広場舞」に集まる高齢者たちは「ここは公共の場所。私たちには自由にダンスする権利がある」と主張し、マンションの住民は「私たちを眠らせないつもりか！」と怒りをあらわにしました。

社会的な議論にまでなったこの問題も、日本人の感覚からは、もう少しその「場」の状況、相手の立場に配慮《はいりょ》すれば、対立までにはならないはずです。

「ロッキー」が盛大《せいだい》に流れる中国の歯科医院《しかいいん》

ある年、中国に帰った私は、折悪しく治療《ちりょう》中の歯が痛み出しました。我慢《がまん》できなくなった私は翌朝《よくあさ》早く、歯科のある大きな病院へ向かいました。

病院自体は日本とそれほど変わらないのですが、そこで流れる音楽に私はビックリ！　なんと勇《いさ》ましい映画「ロッキー」のテーマソングが、病院の待合室に盛大に流れていました。パチンコ店とかスーパーの売り出しではあるまいし、歯が痛くて頭がジンジンしている私は、驚きどころか少しばかり怒りを感じてしまいました。

診察室《しんさつしつ》に入っても「ロッキー」は相変《あいか》わらず流れ続けています。私を診察したのは若い二〇代の歯科医でしたが、なんとマスク越しにその歯科医が「ロッキー」を鼻歌で歌っているのが聞こえてくるのです。

「ロッキー」の曲調さながらに、イケイケドンドンの気持ちで歯を削《けず》られる側はたまりません。私は治療台で恐怖の時間を過ごしました。ようやく処置が終わり、「これでもう大丈夫です」という歯科医に、私が最初に発したのはお礼の言葉ではなく、「こんな曲はやめた方がいい」の一言でした。

「音楽は嫌いですか？」と怪訝《けげん》な顔をする歯科医に、「好き嫌いの問題ではありません。この場に合わないです」とムッとして答える私に、若い歯科医は、私がなぜ不機嫌《ふきげん》なのか、まるで訳がわからない、といった困惑《こんわく》の表情を浮かべていました。

朝まだ暗いうちから大音量の音楽でダンスに興じるおばさんたちも、診察室で「ロッキー」を流す若い歯科医も、悪意がある訳ではありません。ただ周囲の空気をまったく読まない、読もうとしないのです。これは、中国人の国民性かもしれません。

もちろん、中国でもこれがトラブルの原因となることもありますし、グローバルな人の往《い》き来《き》が増える中で、多少とも周囲に目を向ける人も出てはきました。とはいえ、中国人、中国社会が変わっていくには、まだまだ時間がかかりそうです。

とりあえず自分を納得《なっとく》させる中国流対処《たいしょ》法

昔、私が住んでいたアパートの一階に、張《ちょう》という名前のおばさんが住んでいました。そのアパートでは、一階に住む人々が、自分の家のベランダの前の公共の土地にそれぞれ竹の柵《さく》を立てて、自分専用の庭にしていました。

張おばさんも、そこで十数羽の鶏《にわとり》を飼っていました。ある日、えさをやりに出た張おばさんは、鶏の数が足りないことに気づきました。

「グ〜ググググ」といつものように大声で呼んでも、鶏は戻ってきません。数日たっても鶏は現れません。当時はまだ食糧事情《しょくりょうじじょう》がよくなかった時代、鶏は貴重《きちょう》な財産《ざいさん》です。

張おばさんは鶏をちゃんと探しもしないで、盗《ぬす》まれたと思い込みました。そしてとつぜん怒り出し、「鶏泥棒《どろぼう》！　一生病気で苦しめ！」と何回も大声で罵《のの》りました。

本当は盗まれたのかどうかもわからないのですが、張おばさんは見えない鶏泥棒に怒りをぶつけるという中国人一流のやり方で、気持ちのバランスをとったのだと思います。

同じようなことは、街かどでもよく見かけます。よちよち歩きを始めたばかりの子どもはよく転ぶものです。こんな時、中国のおばあちゃんは、いかにも中国人的なやり方で転んで泣いている孫をあやします。

おばあちゃんたちは「こいつが悪い！　こいつがいけない！」と言いながら、子どもが転んだ地面を足でバンバン蹴《け》りつけます。泣いていた孫も、おばあちゃんの真似《まね》をして、地面をバンバン蹴っているうちに泣きやんでしまいます。普段の暮らしの中でよく目にする、こんなシーンにも中国人独特《どくとく》の問題解決《かいけつ》法が表れています。

また残念ながら中国ではスリが少なくありません。街に買いものに行くと、お金を払《はら》おうとして、自分の財布《さいふ》がないことに気づいた人を見かけることがあります。

そんな時、中国人は「クソ、財布泥棒め、死んでしまえ！　私から盗った財布の金で薬を煎《せん》じるヤカンを買え！（＝一生涯《いっしょうがい》病気になって薬を飲み続けろ！）」と怒って大声をあげます。

もしかすると、自分がどこかに忘れてきたのかもしれませんが、そんなことはともかく、とにかく大声で泥棒を罵《ののし》ることで事態《じたい》を収拾《しゅうしゅう》する。とりあえず自分を納得させるというのが、中国人的な対処法です。

やって来た警察官も「そうそう、財布泥棒め、病気で死んでしまえ！」と、とりあえず被害者《ひがいしゃ》に同調《どうちょう》します。

自分の気持ちを鎮《しず》める中国流解決術

こうした「解決法」は中国人の「伝統《でんとう》」かもしれません。中国の昔話に「亡羊補牢（ワンヤンブーラオ）」という、子どもでもよく知っている有名な寓話《ぐうわ》があります。

昔、あるところに羊飼いがおりました。ある朝、羊飼いがいつものように羊の数を数えると、羊が一匹足りません。

羊飼いが羊小屋を一周すると、ちょうどオオカミが入れるくらいの穴が開いているのを見つけました。しかし、羊飼いは「オオカミめ、死んでしまえ！」と大声で罵ると、何もしないでそのまま行ってしまいました。

翌日もまた羊が一匹少なくなっていましたが、羊飼いは前の日と同じように「クソッ！」と大声で罵るだけ。ある夜、ますます大胆《だいたん》になったオオカミは、家族をみんな連れて羊小屋にやって来ると、小屋の羊を全部食べてしまいました。

夜が明け、いつも通り羊小屋にやって来た羊飼いは、羊が全部食べられてしまったことに気づき、力を失ってドンと尻もちをつくと、大声で泣き出しました。そしてようやく、オオカミが入って来た穴を修理する決心をしました。

この「亡羊補牢」は、昔から二つの教訓《きょうくん》を子どもたちに教えてきました。一つは、すべてを失ってから対策をしても意味がない、ということ。そしてもう一つは、小さな失敗でもそれをくり返さないことが大切ということです。

羊がオオカミに盗られても「オオカミめ、死んでしまえ！」と大声で罵るだけの羊飼い。大切な鶏がいなくなっても探しもしないで「鶏泥棒！　一生病気で苦しめ！」と叫んで解決してしまった張おばさん。孫が転んだ地面を「こいつが悪い！」と蹴飛《けと》ばすおばあちゃん。財布をなくしても、自分の落ち度を省みることなく「クソ、財布泥棒め、死んでしまえ！　私から盗った財布の金で薬を煎じるヤカンを買え！」と叫ぶ人たち……。大声で罵るだけでは何も解決しないことはわかっているのに、中国の人たちは感情的な行動をくり返します。

昔話の中の主人公も、現実社会に生きる人々も、昔も今も、このおかしな、とりあえず自分の気持ちを鎮めるためだけの中国流解決術が、中国人の中に脈々《みゃくみゃく》と受け継《つ》がれているのです。

金銭《きんせん》の貸し借りの借用書《しゃくようしょ》は交《か》わさない中国人

中国人も親戚《しんせき》や知人、友人の間で金銭の貸し借りはしますが、借用書はあまり交わしません。

借用書の話が出ると、借り手から「そんなに私のことが信用できないの？」と逆に冗談めかして文句を言われてしまいます。つまり表面的には、借用書を作らないことでお互いの信頼《しんらい》関係、関係の強さを表しながら、心の中では不安がいっぱいだったりするのです。

ですから中国人は、借りた人が約束通りに返さない時、堂々と返してくださいとも言いづらくなります。ケンカになったらどうしよう。関係が悪くなったらどうしよう。でもお金が返ってこなくなったらもっと困る、とひたすら心配するのです。

大きなお金なら裁判《さいばん》でも起こすでしょうが、それほどではない場合は、相手を探りながら待つしかないのです。

中国では「お金を借りる時は、孫のようにビクビクしているけれど、いったん貸してしまうと、返してもらえるかどうか、今度はこちらが孫のようにビクビクする」といった言い方もよく出てきます。

何ごとも契約でものごとを進める欧米人から見れば、借用書のない貸し借りなど裁判もできないし、一人前の大人のすることではないと言われそうです。個人と個人の関係の中では、お金の問題はお金の問題と割り切れずに、ただただ可哀そうな忍耐で返してくれることを期待する気弱な中国人。外国の人々から見れば、ここにも不可解な中国人がいます。

少々不確《ふたし》かでも、教えてしまう「親切《しんせつ》」な中国人

少し前まで、中国では郵便局《ゆうびんきょく》が、郵便物《ゆうびんぶつ》だけでなく新聞《しんぶん》・雑誌《ざっし》の販売《はんばい》や電話、電報《でんぽう》などの業務《ぎょうむ》も行っていました。

また、公衆《こうしゅう》電話のように、国内、国際通話《こくさいつうわ》ができる電話を使わせる商売をしているお店が街のあちこちにあったので、街に出ても簡単に電話をかけることができました。でも携帯電話が急速《きゅうそく》に普及《ふきゅう》したことで、こうした場所が次々と消え、携帯電話を持たない人はちょっと不便な思いをすることが多くなってきました。

中国に帰っていた私は、ある日、出先で、急に国際電話をかけなければならなくなりました。でも街中でなかなか電話をかけられる場所が見つかりません。「そうだ、郵便局ならかけられるかな?」と思いついた私は、近くの郵便局へ急ぎました。

郵便局についた私が国際電話をかけたいと伝えると、「それならウチより大きな○○郵便局へ行ってください」と言われたので、私は教えてもらったその少し大きな郵便局へ向かいました。

すると今度は「それは中央郵便局へ行ってください」と、そこへ行く道順を教えられま

した。仕方がないので、私はタクシーを拾ってその中央郵便局へ向かいました。ようやく中央郵便局についた私が、一階の窓口《まどぐち》でたずねると「それなら二階へ上がってください」と係の人に言われました。しかし二階の窓口の職員《しょくいん》から返ってきた答えは「国際電話の業務は、数年前になくなりました」というものでした。

暑い真夏の一日、日本より広い中国の街を、教えられた通りにあちこち歩きまわった私は、それを聞いて唖然としてしまいました。

結局、私は泊まっていたホテルに戻り、その「急用《きゅうよう》」だった国際電話を、大分時間がたってからようやくかけることができました。

中国でも民営化《みんえいか》が進んでいるとはいえ、郵便局は元々国営の組織《そしき》。私にとっては個人のお店とは違って、信頼できる所のはずでした。その郵便局の何人もの職員の、自信たっぷりの対応ぶりを思い出して、私は少し腹が立ってきました。

何かをたずねる時は少なくとも三人に訊《き》く中国人

夏休みで中国へ帰国した時、私はかつて勤《つと》めていた大学で同僚《どうりょう》だったF先生を、久しぶりに訪ねることにしました。F先生が住んでいる、大学構内の教授《きょうじゅ》の住宅エリアについた時、三棟ある住宅棟のどれがF先生の住んでいる建物か忘れてしまった私は、そこを散歩していた、六〇代のいかにも大学教師のOBのような雰囲気の男の人に、F先生のフルネームを伝えて、F先生の住まいがどこか知らないかたずねてみました。

すると「F先生？　ああ、二、三年前にお亡くなりになりましたよ」と、自信満々《じしんまんまん》の答えが返ってきました。「そんなことありません！　昨晩、電話でお話ししたばかりです」と私が驚《おどろ》いて答えると、その男の人もびっくりして、瞬間《しゅんかん》言葉を失ってしまいました。

結局《けっきょく》、私は自分で建物を一つ一つ探して、F先生の自宅《じたく》を見つけました。お家の中に、フィットネスクラブにあるような立派《りっぱ》なウォーキングマシンやトレーニングマシンを見つけた私は、「先生、お家の中で運動するだけでなく、奥さんと一緒に外を散歩して健在《けんざい》ぶりをアピールしないと、知らないうちに殺されちゃいますよ！」と外でのできごとを話し、三人で大笑いしました。

中国で道をたずねると、大雑把《おおざっぱ》な答えが返ってくることがよくあります。一つのことを二人の人にたずねると、二つの別々の答えが返ってくるのは、まあ普通のことです。ですから、一人の人に教えてもらってそれを信じて行動すると、目的地にたどり着けないことが少なくありません。冗談みたいですが、中国で何かをたずねる時は、少なくとも三人の人に訊く。これは中国では当たり前の処世術《しょせいじゅつ》です。

よく知らないのに、いかにも熟知《じゅくち》しているかのように、あるいは少々不確かな伝聞《でんぶん》でも、自分が見てきたことのように自信満々で話してくれるのは、本当に迷惑《めいわく》な話です。

でも、確かではないことを教えると、かえって相手の迷惑になるかもしれない、といったことを気にする中国人はほとんどいません。むしろ大方の中国人は「わからない」と言うよりも、とりあえずなんらかの回答をした方が親切！と考えるのです。

ちょっと恐ろしい発想ですが、「もし間違《まちが》っていたら、そこでまた誰かに訊けば済む」というのが中国人流です。

もちろん中国人同士でも、この無責任な「親切」に遭遇《そうぐう》して、ムッとすることは、たびたび起こります。

かといって、それがいつまでも心に残る訳でもありません。だから逆に自分がたずねられる立場になると、ついついサービス精神いっぱいの無責任な「親切」をくり返してしまいます。

没問題・没関係・没弁法の無責任三兄妹

また、中国人とのビジネスで、外国人をしばしば悩ませる「没問題（メイウェンティ）」「没関係（メイグワンシ）」「没弁法（メイバンファ）」の三兄弟も、この中国人の無責任な「親切さ」が出発点《しゅっぱつてん》です。

つまり最初は、あまり確実ではないことでも、調子よく「没問題（大丈夫です）」と自信満々で答えてくれるので、こちらが半信半疑《はんしんはんぎ》で「本当に？」と確認《かくにん》すると、さらに胸を張って「没関係（心配いりません）！」と請《う》け合ってくれます。

ところがだんだん成りゆきが怪しくなってくると、最後は「没弁法（仕方がありません）」が登場して事態の収拾をはかる、というパターンにしばしば遭遇することになります。

もちろん誠実《せいじつ》で、とりあえずの答えを返すことで自己満足したりしない、本当に親切な中国人もいるのですが、わからないことまで教えてくれる！　できないかもしれないと薄々感じながら、「できます！」と自信満々に請け合ってくれる、本当に訳のわからない「親切な」中国人も、中国には少なくないのです。

「歪《ゆが》んだ賢《かしこ》さ」を自慢する中国人

外国語大を卒業して、中国で大学の教師になったばかりのころのことです。ある日、中国政府が支援《しえん》していたアフリカのある国の鉄道建設の通訳《つうやく》の仕事から、一年ぶりに帰国した同じ外国語学部の英語の先生の報告会がありました。いろいろな土産話の中で、私にはある自慢話《じまんばなし》が気になって仕方がありませんでした。

帰国の直前、その先生は先方の政府高官から籠《かご》いっぱいの特産《とくさん》のマンゴーをいただいたそうです。

中国の南の方でもマンゴーはけっして珍《めずら》しい果物《くだもの》ではありません。でも中国にあるマンゴーは黄色かグリーンのものばかりで、その先生の話に出てくる深紅《しんく》のマンゴーや紫色のマンゴーは、私の見たことがないものでした。

しかし、日本と同様《どうよう》、中国でも外国からの生の果物は持ち込みが禁止されているので、普通は税管《ぜいかん》で没収されてしまいます。ところがその先生は、たくみな冗談で担当官を笑わせ、みごとに果物を全部持ち込むことに成功した、という自慢話をトクトクと披露されたのです。

いい加減な税管の職員、怪しげな成功譚《せいこうたん》を自慢げに話す先輩教師、そしてその彼の「手腕《しゅわん》」を称賛《しょうさん》する同僚の大学教師たち。まだ新米教師だった私には、感心するというよりも「?」だらけの自慢話でした。

実社会に出ると、こうした「賢さ」を発揮《はっき》する人が中国には少なくありません。ある時、私は大学構内の市場《いちば》で「皮蛋（ピーダン：中国料理の前菜《ぜんさい》などに出てくる、石灰《せっかい》や粘土《ねんど》、塩、もみ殻《がら》などで長時間漬け込んだアヒルの卵）」を数個買いました。

ところが家に帰って外側のもみ殻と土の混じった外皮《がいひ》を剝《む》いてみると、その中の一つは

「皮蛋」ではなく、きれいに卵の形に削《けず》られた変色して食べられそうもないイモでした。

そんなことはもちろん初めて、びっくりすると同時に思わず笑ってしまいました。目の前の「イモ皮蛋」と、田舎から天秤棒《てんびんぼう》を担いで皮蛋を売りにきていたおじさんの、人のよさそうな笑顔がどうしてもつながりません。

翌日《よくじつ》、「皮蛋」を買った市場に行ってみましたが、おじさんの姿は市場から消えていました。

目方を増やすために注射器《ちゅうしゃき》で豚肉に水をしこむ肉屋、野菜の外見をきれいにするために基準《きじゅん》以上の農薬《のうやく》を平気で使う農家。

中国語の「放心（ファンシン）」は安心するという意味ですが、近年「放心肉」「放心菜」「放心店」と、昔はなかった「放心○○」という言葉をつけて、食品や店の安全性をアピールしている看板《かんばん》をよく見かけるようになりました。やはりそれだけ安心できない、人々が良心《りょうしん》を失った社会になってしまったということなのでしょうか。

ニセコインを苦にしない中国人

数年前、南京《なんきん》に行った時のことです。スーパーで買いものをした私は、その足で郵便局へ行きました。そこでスーパーでお釣《つ》りにもらったコインを差し出すと「これは使えません」と一枚のコインを返されてしまいました。

よく見ると一元硬貨《こうか》と同じ大きさのそのコインには、「花開富貴、遊戯《ゆうぎ》専用《せんよう》」と文字が刻《きざ》んでありました。それはゲーム機用のコインだったのです。私はすぐにそれを受け取ったスーパーのレジに行きました。

しかし、レジの店員からは「一旦《いったん》店を出たのだから責任を負えません」と言われてしまいました。それ以来、私は買いものをする時にお釣りの小銭を確認するようになりました。

ある時、町の商店で買いものをした私が、お釣りに受け取った五、六枚のコインをチェックしていると、店のおじさんは「うちにニセ金はないよ」と言いました。

私がスーパーでゲーム機用のコインをお釣りで渡されたことを伝えると、そのおじさんは「いい方法を教えてあげる」と私に言いました。

「バスに乗る時に運賃箱《うんちんばこ》にそれを入れたら、損を取り返せるさ」。親切心からそうアドバイスをしてくれたおじさんに、私は中国流の、笑いながらストレートに本音《ほんね》を伝えるやり方で、「そんなことしたら、騙《だま》し合いの世の中になってしまうわよ。そんなこと、絶対に子どもに教えてはだめよ」と言いました。

「寧可被騙、不可騙人（ニンクウベイピェン、ブークウピェンレン：たとえ人に騙されても、人を騙してはいけない）」という教えも今は昔。だんだん当たり前の正義感が現実離れしたものになりつつあることに、ちょっと不安な気持ちになってしまいました。

中国の南にあるＢ県はニセモノが多いことで有名です。「Ｂ県の特産《とくさん》はなんですか？」とたずねると、そのＢ県の周辺の人たちは口を揃えて「ニセモノ」と答えます。

不誠実でずる賢くニセモノを作ってそれを売るのがＢ県の商人。いつの間にか「Ｂ県産＝ニセモノ」という評判《ひょうばん》が定着《ていちゃく》してしまいました。

本当は中国人の大好きな花火や爆竹《ばくちく》はＢ県の特産ですし、もちろんＢ県産の全部がニセモノという訳でもありません。それなのに「Ｂ県で作った」というだけで、ちゃんとした商品までニセモノという評価《ひょうか》が下されてしまいます。

このことを地元の人に質問すると、強く否定するでもなく、笑ったり、冗談めかした返事をされるだけです。もしそれが彼らの考える「賢さ」だったなら、悲しいことです。

中国には古来《こらい》「上有天、下有地、中間有良心（上には天の神さまがいる。下には地の神さまがいる。天と地の間には、人間の良心がある）」つまり、どこにでも神さまはいる、人間はその間で、良心を持って生きなければならない、という教えがありました。

ですから、「若想人不知、除非己莫為（もしやったことを知られたくなければ、しない以外に方法はない）」悪いことをしたら絶対にバレる、というのが普通の考え方でした。

しかし、毛沢東《もうたくとう》の時代となって、神さまの存在《そんざい》や伝統的《でんとうてき》な思想《しそう》は、封建時代《ほうけんじだい》の遺物《いぶつ》、迷《めい》信《しん》とされ、こうした伝統的な考え方は非科学的なものとして徹底的《てっていてき》に批判《ひはん》されました。

やがて時代が移り、中国も改革開放《かいかくかいほう》の時代に移っていきましたが、中国の人々は、無神の民のまま、厳しい経済競争の時代に突入《とつにゅう》してしまったようです。

あまねく人々の暮らしを顧みる神さまがいなければ、何をしてもバレる心配はありません。金銭至上主義に狂奔《きょうほん》する人々にとっては、人を騙す罪悪感《ざいあくかん》どころか、賢さを誇《ほこ》りたくなるような、そんな不思議な価値観にとらわれているようにすら感じてしまいます。

「イモ皮蛋」のおじさん、ゲームのコインを混ぜた釣銭を客に返すスーパー、そしてゲームのコインをバスの運賃箱に入れたらいいと教えてくれたおじさん、けっして神さまを心配することのない彼らは、絶対にバレないと信じ、バレなければなにごともOK！　人を騙すようなことにも平気で手を染めます。

中国人は日本人の精神性に興味がない

一方で、いまだに神社やお寺に行けば手を合わせ、なんだかんだといっても、森羅万象《しんらばんしょう》あらゆる所に、八百万《やおよろず》の神さまを感じているような日本人。まだまだ「お天道さまはすべてお見通しだよ」と子どもに語りかけるおじいちゃん、おばあちゃんのいる国とは、残念ながら、少々違った内的世界《ないてきせかい》が中国の人々の中には広がっているのかもしれません。

今中国では「八〇後（バリンホゥ）」「九〇後（ジョウリンホゥ）」という言葉がよく使われますが、これは一九八〇年代、一九九〇年代に生まれた一人っ子のことです。唯我独尊《ゆいがどくそん》、自己中心、刹那的《せつなてき》な快楽《かいらく》主義、そして無責任と評されるこの世代は、汗を流して苦労することを極端《きょくたん》に避《さ》け、苦労することなく手っ取り早くお金を手にできる方法を探すことに精を出し、そのためには伝統的な徳《とく》や倫理《りんり》より、自分なりの「賢さ」を追求《ついきゅう》する世代といわれています。

私は中国の大学に招《まね》かれ、学生たちと接する機会がありますが、中国の若者が示す日本への関心は、最新の日本の電化製品や自動車、携帯電話などの新しい機能、製品、つまり「モノ」への興味ばかりです。

私がその背景《はいけい》にある日本人のもの作りの精神、日本の発展を支えてきた粘《ねば》り強い日本人の精神性について語っても、「そうした努力は尊敬《そんけい》しますが、自分にはそんな辛苦《しんく》はできません」、そんな反応が返ってきます。

コツコツ努力することは辛苦。彼らから見るとお金にならない、得る所のない苦労でしかないようです。

日本では教育の中に、図工や陶芸《とうげい》、工作といった、もの作りの楽しさに触れる機会があります。

また子どもたちが、土にまみれ、額《ひたい》に汗して働く農業体験や、職場体験への取り組みも積極的なようです。さらに大人になっても、そうした体験をみずから求める人たちが少なくありません。汗を流し、愚直《ぐちょく》なまでにひたすらもの作りに取り組むこと、それは日本人にとって、辛苦ばかりではないようです。

苦心して作り出す喜び、楽しみ、そしてそこから培《つちか》われた粘り強い精神、技術が、日本の底力、未来への自信となっていることは、多くの日本人自身が感じています。

中国で出版された『《庄子》心得』という本の中に、こんな一節がありました。

足の速いカモシカが亀をからかって競走をしようと持ちかけました。勝てるはずもない亀でしたが、亀はこともなげにカモシカの挑戦を受けました。

翌朝、カモシカと亀はスタートラインに立ちました。「ヨーイ、ドン！」カモシカは亀に目もくれず矢のように走り出しました。

しばらく走るとカモシカは足をとめ「亀さ～ん、どこにいるの？」と得意げに大声で叫びました。すると「ここだよ！」とそう遠くない前方の草むらの中から、亀がのんびりと返事をしました。「どうして亀が自分の前にいるのだろう？」カモシカはびっくりして、すぐに走り出しました。

しばらく走るとカモシカはまた足をとめて「亀さ〜ん、ぼくの後ろについてきているかい？」と亀に呼びかけました。すると「君より速いよ！　そっちこそ速く走らないと！」と、カモシカの数歩先で亀が相変わらずのんびりした調子で返事しました。「なぜ？」カモシカは不思議でたまりません。

しばらく走ってから後ろに向かって声をかけると、また自分より二、三歩前から亀の返事が返ってきます。悔《くや》しくてたまらないカモシカは、今度は途中《とちゅう》でとまらず一気にゴールまで走りました。

ところがゴールすると、そこにはすでに到着《とうちゃく》した亀が自分を待っていました。こうしてカモシカは亀に負けてしまいました。

どうして亀はカモシカに勝てたのか。実はレースの前の晩、亀は家族全員を集めて相談し、ゴールまでの一定の距離ごとに亀が一匹ずつ隠れ、翌朝のレースをじっと待つことにしたのです。

作者は「世の中では知恵《ちえ》は力より重要である」、速度に劣《おと》る亀は知恵を使って、速く走る力はあるけれど、知恵の劣るカモシカに勝ったというメッセージをこの物語から送っているようです。しかし、これは本来の知恵、賢さなのでしょうか？　この寓話《ぐうわ》のメッセージに、私の中で「?」が溢れ出てなりません。

ルールを守る日本人、こんなもんだの中国人

勉強やビジネス、観光旅行で、日本に来たことのある人が増えるにつれ、中国人の雑談の中で、実際に見聞きした日本のことが話題になる機会が増えてきました。

例えば、夜中、誰も見ていない所でも、日本人はルールを守って、信号が青になるのをじっと待っている、といったことも、「青信号は進め！　黄色信号も進め！　赤信号はちょっと気をつけて進め！」という中国人にとっては新鮮《しんせん》な発見だったりするようです。

日本で大きな議論を呼んだ安倍内閣《あべないかく》の安保法制《あんぽほうせい》の審議。この時、国会の前には、反対する多くの市民や学生が集まりました。

同時に日本の各地でもたくさんの集会やデモが行われましたが、私にとってとても印象《いんしょう》的《てき》だったのは、彼らがけっして暴走せず、秩序《ちつじょ》正しくみずからの主張をくり返していたことです。こうした驚きを覚えるのは市民派、改革《かいかく》派と呼ばれる人々の行動ばかりではありません。

数年前の冬、中国の知人を東京に案内した時のこと、たまたまロシア大使《たいし》館《かん》の前で「北方領土《ほっぽうりょうど》を返せ！」と大きなスピーカーで叫びながらデモをする右翼《うよく》の街宣車《がいせんしゃ》と遭遇《そうぐう》しまし

た。

交通ルールなど一切無視した中国的な「愛国行動」を見慣れているその知人には、荒々しいアピールの一方で、きちんと交通ルールを守って走る右翼の勇《いさ》ましいトラックが、とても不思議に見えたようです。

すかさず「なぜ、日本人はそこまでルールを守るの？」という質問がやってきました。「それがルールだから。たとえそれが『愛国行動』でもルールを守るのは当たり前じゃない？」と私が答えると、「まあ、それはそうですね……」と言いながらあまり納得していない表情が返ってきました。

また、中国の大都市でも、ゴミの分別収集は始まっていますが、きちんと分けてゴミを出すのは実際の所ほんの少数派です。そんな中国の人から、逆に「日本人はなぜルール通りに面倒《めんどう》なゴミの分別をしているの？」と訊かれたこともあります。

やはり私が「ルールに反することをしてはいけないから……」と答えると、明らかにその答えに満足していない表情を浮かべて「きっと何か厳しい懲罰《ちょうばつ》があるんでしょう？」と重ねて質問が返ってきました。

私が「ルール違反のゴミは回収してくれないかもしれないけれど、それよりも『誰も見てないからいいじゃない！』とか『所詮《しょせん》ゴミはゴミ！　大したことじゃない！』みたいな中国人流の考え方をしないだけ」と答えると、相手は笑い出しました。

交通ルールもゴミの分別の問題も、必要性という点では日本も中国も違いはありません。ただ日本人にはルールを守ることは当たり前なのに、一般の中国人の中には、そうした「当たり前」の文化が根づいていない、そうした所が日本人と中国人の国民性の違いと映るようです。

例えば、アルバイトを雇《やと》っている飲食店の店長が「お皿は三回洗ってください」とアルバイトに指示したとします。おそらく日本人のアルバイトなら、二回でも四回でもなく、言われたとおりお皿を三回ずつ洗います。

でも、中国人のアルバイトだと、誰かが監督《かんとく》していなければ、二回しか洗わない可能性が十分あります。彼らは「二回でも三回でも『差不多（ツァブドゥ：大して変わらない）』でしょう！」と考えることはあっても、仕事を言われたとおりに確実《かくじつ》に実行しなかったという反省《はんせい》はまずしません。

中国のある所で、新しい道路計画を立てるための通行量を調査することになりました。その調査のアルバイトに行ったAさんは、昼食後、お腹がいっぱいになって眠たくなってしまい、仕事中であるにも拘わらず、道路わきの椅子に座ったまま居眠りをしてしまいました。

そこにやって来た責任者が「何してるんだ！　居眠りしていては、通行量がわからないだろう！」とＡさんを叱《しか》りました。Ａさんはその場では黙《だま》って叱られていましたが、仕事を終えると「居眠りしていたといってもせいぜい十数分でしょう。そんなに大して量が変わる訳じゃないのに……」と、叱られたことへの鬱憤《うっぷん》を晴らすように友人に愚痴《ぐち》をこぼし、同調をもとめました。Ａさんのこうした考え方は、中国人の間ではむしろ普通のことかもしれません。

中国語の「差不多」は、「それほどの差がない。まぁこんなもんだ。大体同じ。大したことではない」といった意味の言葉です。中国では、公の場面でも、個人の会話の中でもよく使われ、ある意味、中国人の性格をよく表す言葉なのですが、けっして最近になって登場したものではありません。

中国の著名《ちょめい》な哲学者、文学者、歴史学者だった胡適《こてき》（一八九一～一九六二）は、中国人の「差不多」について、一九一九年に『差不多先生伝（ミスター差不多伝）』という著作《ちょさく》の中でこんな話を書いています。

あなたは中国で一番有名な人が誰か知っていますか？　それはどこへ行っても有名で、誰もが知っている人です。彼の姓は「差」、名は「不多」です。中国のあらゆる省、県、村、どこにでもいる人物です。あなたは絶対彼に会ったことがあるし、彼についての話を聞いたこともあるはずです。

ミスター差不多という名前が、一日たりともみなさんの口から出なかったことはありません。なぜなら、彼は中国全国民の代表だからです。

ミスター差不多の顔は、あなたや私とほとんど変わりがありませんが、彼には目がありますが、はっきりとは見えません。耳もありますが、聞き分けはよくありません。匂いや味覚《みかく》にこだわりはありません。鼻と口もありますが、匂いや味覚《みかく》にこだわりはありません。頭は小さくありませんが、記憶はあまり鮮明《せんめい》でなく、思考も緻密《ちみつ》ではありません。

ミスター差不多はよくこう言います。「ものごとは、大まかなことで十分だ。いちいち細かく、正確《せいかく》である必要はない」

「千は十よりたった一画多いだけ」

彼は子どものころ、お母さんに黒砂糖を買ってくるように言いつけられました。でも彼が買ってきたのは白砂糖でした。お母さんに叱られると、ミスター差不多は「黒砂糖も白砂糖も大して変わらないでしょう！」と言い返しました。

やがて成長したミスター差不多は、ある店に奉公《ほうこう》に出ました。彼は字も書けるし、計算もできましたが、どちらもとても大雑把なものでした。「十」を「千」と書き、「千」を「十」と書くなどは日常茶飯事《にちじょうさはんじ》で、しょっちゅう店の主人に怒られていました。そんな時、いつも彼は笑いながら「千は十よりたった一画多いだけ。それほどの差じゃないでしょう」と小声で言い訳をくり返しました。

ある日、ミスター差不多は急病《きゅうびょう》にかかったので、東町の医者の汪（ワン）先生を呼んでくるように家族に頼《たの》みました。でも汪先生は留守《るす》。そこで家族は西町の、牛が専門の獣医の王（ワン）先生を連れてきました。

ミスター差不多は「しまった！　間違えた！」と心の中で思いましたが、あまりに苦しいので「もう待てない。汪先生と王先生、人間の医者と、牛の獣医《じゅうい》、どうせ大した違いじゃない……」と、獣医の王先生の治療を受けることにしました。

病床にやって来た王先生は、牛にするのと同じ方法でミスター差不多の治療を始めました。それから一時間もしないうちに、ミスター差不多はその治療がもとで死んでしまいました。

一昨年の夏休み、私は中国に帰りました。中国銀行でお金を両替《りょうがえ》したとき、計算書には2，212．97元《げん》と書いてあるのに、実際に手渡されたお金は2，213元ありました。

あまり知られていないかもしれませんが、中国のお金の単位は「元」の下に、１元＝10角となる「角」と、１角＝10分となる「分」という小額《しょうがく》の単位があります。ですから１分＝０．０１元は計算上の端数ではありません。私は受け取った金額が、計算書より３分多いので、そのことを銀行員に伝えると、「間違っていません」と銀行員の答えが返ってきました。

いくら「差不多」の中国といっても、銀行は銀行、街のお店でおまけしてもらうのとは訳が違います。

私の伯母さんは、かつて中国の国営企業で会計を担当していました。当時はまだソロバンしかなかった時代でしたが、毎月月末になると、帳簿《ちょうぼ》の金額と現金とが「一分」まできっちり合うまで、毎晩遅くまで計算をくり返していたという話を聞かされた記憶があります。あの銀行の人たちは、積もり積もった帳簿との差額《さがく》を一体どうするのでしょうか？　いまだに不思議でなりません。

日本人はもちろん、外国から入ってきた外資《がいし》企業やビジネスマンの多くが、この中国人の「差不多」という性格、ものの考え方に悩みます。

市場開放から三十年ほどが経ち、ものごとを厳密《げんみつ》に、確実に実行するという「当たり前」の文化も、ようやく外資企業や合弁《ごうべん》企業で働く人々の間から浸透してきましたが、普通の中国人同士の世界、一般の中国社会の中では、およそ百年も前に胡適が描いた「ミスター差不多」がまだまだ活躍《かつやく》しているのです。

メンツを重んじ「非」を認めない中国人

中国社会はメンツ、体面《たいめん》を重んじる社会とよくいわれます。確かにメンツを重んじるのは、中国人に深く根づいた性癖《せいへき》です。ですから中国人は、外に対してはメンツが傷つけられないことを何より大切にしますし、「内」つまり身近な家族や一族のメンツを守るために全力をつくします。

「家醜不外揚（ジャツォブーワイヤン：身内の恥《はじ》は外に出さない）」は中国では、昔から誰でも知っている「生きるための知恵」です。そしてこの「醜」は、善悪を超えたものです。

たとえそれが正しくないこと、間違ったことであっても、自分自身の、あるいは身内のメンツを守るためなら、中国人は頑《かたく》なに、けっしてその「非」を認めようとはしません。たとえ落ち度があっても、その非を認めて謝罪《しゃざい》すればメンツが傷つくと考える「性癖」は、中国社会の、個人、組織に深く染み込んでいます。

混雑《こんざつ》したバスの中で、誰かの足を踏んでも、謝罪する中国人はごく少数派です。もし踏まれた人に文句を言われても「そんな所に足を出しているのが悪い！」「バスが揺《ゆ》れるからしょうがないでしょ！」と、逆に相手に強引《ごういん》にねじ込んでしまいます。

本当は反省すべきことが起こっても、「原因は自分以外にある」と、外に対しても、あるいは自分自身も納得させようとする中国人的な反応は日常茶飯事です。

そして、そうした国民性は、文化大革命といった国全体を覆った激動期に、もっとも露《ろ》骨《こつ》に現れます。

中国では、建国以来さまざまな政治運動がくり広げられてきました。中でも一九六六年からの文化大革命は、ほとんどすべての国民を巻き込んだ最大の政治キャンペーンでした。

その初期《しょき》は、「要文闘、不要武闘（武力闘争ではなく、思想の闘争を！）」を掲げた壁新聞や公開討論による思想改革運動でしたが、中高生や大学生を中心に組織された紅衛兵が全国に運動を広げるうちに、どんどんと過激化し、暴力《ぼうりょく》の嵐へと変質《へんしつ》していきます。

当初は既存の有力者、旧地主《じぬし》や富農、反革命的な右派、あるいは反社会的とされた「悪人」が攻撃の対象でしたが、次第に紅衛兵の間の派閥《はばつ》抗争、武力闘争《とうそう》へと変わっていきました。労働者の組織の派閥、農民組織の派閥間の抗争《こうそう》も、これに同調するように激化していきました。

互いの武器も、最初は身に着けているベルトや棍棒だったものが、投石、そして軍隊の武器庫から略奪した銃へとエスカレートしていきました。

当時、まだ小学生だった私は、大通りに面した自宅のベランダの陰から、暴徒と化した紅衛兵が、人を殴《なぐ》り、銃で撃《う》ち殺し、倉庫を襲ったり、人の家の家財《かざい》を奪《うば》ったりする様子を、本当に恐ろしい思いで見つめていました。

それから半世紀が経ち、文化大革命も歴史的な過ちとして否定されるようになりました。当時を回顧《かいこ》するさまざまな回想録《かいそうろく》も出されていますが、それは被害者《ひがいしゃ》やその家族によるものばかりです。

数億人もの狂気《きょうき》が関わった文化大革命ですが、その当事者《とうじしゃ》であった無数の加害者の側による、反省や懺悔《ざんげ》の声は一向に耳にしません。その誤りの根源《こんげん》が、当時の指導者《しどうしゃ》であった毛沢東にあることは当然ですが、その全国規模の暴動、暴力の嵐の主役となったのは、数億人の普通の人々であったことも事実です。

しかし、その当事者の一人ひとりは、いまだに他人ごとのように「毛沢東の責任だ……」と、自分自身の責任を省みようとはしませんし、みずからの責任を語ろうともしません。

たしか終戦六〇周年の記念番組だったと思いますが、私は広島のある原爆被爆者《げんばくひばくしゃ》の方のインタビューが忘れられません。「私は被爆者です。でも私は、学徒動員で工場に行き、砲弾《ほうだん》を磨《みが》いていました。私が磨いた砲弾が、戦場で誰かを殺したかもしれません。そういう意味では私も加害者なのです……」

当時まだ女学生だった被爆女性の話に私は心を打たれました。また、レポーターのインタビューを受けた、大阪《おおさか》の三〇代のホームレスの男性の話も印象に残っています。「なぜホームレスになったのか？」と質問された男性は、「雇用情勢《こようじょうせい》が厳《きび》しいけれど、自分にも責任がある」と答えました。もし中国人なら、「政府のせいだ」、「景気のせいだ」という答えしか返ってこないと思います。

自分にも責任があるといった、みずからの反省を口にできる人は、残念ながら中国社会には本当に少ないのです。

この前、日本人の知り合いから、近所に住む中国人がゴミ出しをルール通りにやってくれないので、カラスがやってきてゴミを荒らして困ると、その中国人に苦情を言ったら、「悪いのはカラスです。私じゃない」と驚くような答えが返ってきたという話を聞きました。

責任をカラスに転嫁《てんか》して、けっして自分の非を認《みと》めようとしない。残念ながらこうした傾向は、若い世代の中国人にもしっかり受け継がれています。

「闘私批修（ドゥスゥピィシュウ）」「上掛下聯（サングワシャーリェン）」という言葉は、

文化大革命の時代に流行した言葉です。

「闘私」は自己批判のことで、「批修」は当時よく使われた「修正主義《しゅうせいしゅぎ》（国際共産主義運《こくさいきょうさんしゅぎうん》動《どう》における、マルクス主義の仮面《かめん》をかぶった反マルクス主義的思潮のこと）」を批判することを意味していました。

一見、自己批判を求めているようですが、一面で自分自身の問題も責任も、すべて「修正主義」に転嫁してしまおうという考え方です。

「上掛下聯」も同じ発想。みずからの問題をリーダーの責任に押しつけるというものです。これは笑い話ですが、「うちの孫が便秘《べんぴ》するのも、（当時批判された指導者の代表である）劉少奇のせいだ！」となる訳です。

「不思考（ブスーカォ：ものごとを考えないで、付和雷同《ふわらいどう》する）」のも中国人に多い傾向《けいこう》です。例えば、中国にはこんな昔話があります。

ある男が街を歩いていると、突然鼻血が出てきました。仕方がないので、その男はその場に立ちどまり、空を見つめるように顎《あご》を上げました。すると、通りを歩いてきた人たちが、一人、二人、三人と、彼のかたわらに立ちどまり、同じように空を見るように首を傾《かたむ》けました。

こうして人々が次々と立ちどまり、あっという間に、そこには大きな人垣《ひとがき》ができました。

しばらくして鼻血がとまった男は、静かに人ごみから離れて立ち去っていきました。これを見た彼のかたわらにいた人々も次々とその場を離れ、やがてそこには誰もいなくなりました。

この話は中国人の性格をよく表していると思います。そんな中国人ですから、ちょっとした噂が流れると、真偽も確かめずに行動に走る人が山のようにいます。

ここ数年、中国では根拠《こんきょ》のない流言飛語《りゅうげんひご》から、普通の人だけでなく商売人も巻き込んだ、生姜《しょうが》、砂糖、りんご、にんにく、緑豆の買い占め事件が、全国で相次《あいつ》いで起こっています。

また、二〇一一年の東日本大震災《ひがしにほんだいしんさい》の後、福島の原発事故《げんぱつじこ》で海水が放射能《ほうしゃのう》に汚染《おせん》されたという噂から、中国では大規模な塩の買い占めが全国各地で起こりました。政府や専門家の説明がくり返されても、事態は沈静化しません。

こうした買い占め事件では、毎回必ず大きな損害をこうむって泣く人が出てくるのですが、それでもこうした「考えのない」行動がくり返されます。

さらに、インターネットの普及で、こうしたパニックの規模はますます大きくなっています。情報化が進めば進むほど、冷静に情報を判断する能力が必要になりますが、心配なのは、若者の中にも、無批判にインターネットの情報を受け入れる、自分の思考そのものをネットに依存《いぞん》しているような人が増えているように感じられることです。

ここ数十年、中国の経済はそれまでと比べものにならないほど成長し、変化してきました。しかし、個々の人間もそれにふさわしい成長、自立を果たしてきたかというと、そうはいえないようです。

メンツにこだわる反面、みずからの「非」を認めない。みずからを反省しない。責任を他に転嫁する。みずからの責任で考えることなく付和雷同するといった伝統的な「性癖」を中国人の一人ひとりが克服しない限り、中国の本当の素晴らしい未来はまだまだ遠いように思います。

互いを隔《へだ》てる壁を立てる中国人の人間関係術

「自家人（ズージャレン）」、「一家人（イージャレン）」、「自己人（ズージーレン）」、「外人（ワイレン）」、これらは中国人が好んで使う表現です。

本来、中国語の「自家人」、「一家人」、「自己人」はいずれも家族を、「外人」は他人あるいは外部の人を指し、人間関係の間に一線を引く言葉ですが、中国では、親近感を表す表現としてよく使われます。

例えば親しい友人は「自家人」、自分と同じ苗字《みょうじ》の人も「自家人」、故郷《こきょう》を離れれば、同《どう》郷《きょう》の人も「自家人」、海外に出れば同胞《どうほう》はすべて「自家人」、このように「自家人」、「一家人」、「自己人」は、親しさを表すあらゆる場面で使われるおなじみの表現です。知らない人たちの中で、ちょっとでも知っている人がいれば「自家人」ですし、なんらかの関係で同じ「自家人」のグループから見て、その外の人は「外人」となります。同じ人間関係でも、状況によって「自家人」となったり「外人」となったり、外国の人から見ると、中国独特の、とらえ所のない曖昧な表現でもあります。

この言葉が、なぜ本来の家族といった意味合いから、はるかに飛躍《ひやく》した人間関係にまで使われるようになったかを理解するカギは、儒教《じゅきょう》という中国の伝統的な思想にあります。儒教では、人間関係、社会の構造《こうぞう》を、夫婦《ふうふ》、父子《ふし》、兄弟、君臣《くんしん》、友人からとらえ、人の進むべき道を個人の修身《しゅうしん》から、斉家、治国、平天下といった道筋《みちすじ》で広げていきます。

しかし、これは中国人だけの考え方ではないかもしれません。二〇〇八年の北京オリンピックの開会式で、劉歓とサラ・ブライトマンが歌った「我和你（You and me）」には、

我和你心連心、同住地球村
我和你心連心、永遠一家人
(You and me from one world. We are family)

という一節《いっせつ》がありました。こうした表現を好み、そうした人間関係を強く意識するのが、中国人の特徴《とくちょう》です。

つまり、儒教の世界では、家族、家庭は社会の最小の単位であるとともに、社会、国家、天下の重要な土台と考えます。

天下も家族という人間関係から出発する訳ですから、社会の関係も家族という概念《がいねん》を拡大した擬似的《ぎじてき》な家族関係として表現しているのだと思います。

もちろん、関係の遠近《えんきん》によって、親密度《しんみつど》は違いますが、家族という表現をとることで、信頼関係作りの入り口とするのです。

中国人にとって「知人の知人のそのまた知人……」も自分の知人ですし、「友人の友人の友人」もまた自分の友人といいます。身近な知人、友人はもちろんですが、間に幾重《いくえ》も関係がはさまった関係であっても、まるで古くからの知己《ちき》であるように振《ふ》る舞《ま》います。

儒教の社会では友人も重要な社会関係の基盤《きばん》ですから、積極的に友人の輪を広げ、拡大しようとします。その点では、中国人の人間関係は、日本人より広いかもしれません。

しかし、見方を変えると、中国人のいう友人関係には、距離の遠いものも含まれるので、知人友人といっても、その間の信頼関係はかならずしも深くはありません。

どちらかというと、互いに最後の「壁」を立てて付き合うという傾向も、中国人の人間関係には少なからずあります。

「人を警戒する心をなくしてはいけない」

中国に昔からある「虎と猫」の物語には、こうした中国人の、「最後の『壁』を持つ」という処世の知恵が息づいています。

虎《とら》と猫とは遠い親戚です。その昔、虎と猫は今のように互いが顔を合わすことのない、遠い所ではなく、互いの近くに住んでいました。

ところが、この虎と猫、猫はネズミをとるのが得意なのですが、虎は大きく立派な体を持っていても、動きが鈍く獲物《えもの》をとる技がありません。

獲物がとれない日が続き、空腹に耐《た》えかねた虎は、ある日、猫を訪れました。「お師匠《ししょう》さま、ぼくを弟子にしてください。お願いです。獲物をとる技を教えてください」と虎は猫に頭をさげました。巨大な体の虎が、小さな自分を拝《おが》むように頼むので、猫は虎を弟子にし、獲物のとり方を教え始めました。

まずは素早く転がる方法。そして速く走るコツ。一瞬のチャンスを逃さず、一気に攻撃することや、獲物を咬んだらけっして力を緩めてはいけない。サルのように欲ばって、他の獲物まで狙《ねら》おうと、手にした食べものを捨てて次の獲物に向かっていけば、結局両手とも空のまま帰らざるをえなくなることなど、猫は虎に教えてあげました。

「よし、これで大丈夫！」と自信を得た虎は、猫にお礼を言って帰っていきました。

猫に教わって狩《か》りの腕をあげた虎は、もう飢えることがなくなりました。しかし虎が狩りの腕を上げるにつれて、獲物の数もだんだん減っていきました。何日も獲物と出会えない日が続き、腹をすかせた虎は、ついに猫を狙うことにしました。

「小さいけれど、少しは腹の足しになるだろう」と考えた虎は、狩りの技を教わって以来、一度も訪ねたことのない猫のもとに一歩一歩向かっていきました。

木の下にのんびりと寝そべっていた猫に、「お師匠さま、ぼくは何日も食べていないのでお腹がぺこぺこです。悪いけど」と言うや否《いな》や、虎は猫に飛びかかりました。

しかし、突然現れた虎を不審《ふしん》に思った猫は、とっさに身をひるがえして、木の上に登《のぼ》り虎から逃れました。

猫をとり逃がした虎は悔しくてなりません。木の上にいる猫に向かって「おいチビ！ぼくに木登りの技をわざと教えなかったな！　今度お前をつかまえたら、切りきざんで食べてやる！」と大声で悪態をつきました。

すると今度は、猫が木の上から答えました。「もし、私がこの最後の技を教えていたら、今ごろ私はお前の餌食《えじき》になっていただろう。恩知《おんし》らずめ！」

猫が虎に木登りの技を教えなかったので、今でも虎は木に登れない、というのがこの物語のオチです。猫は遠い親戚の虎に生きていくための技を教えましたが、けっして完全には虎を信用せず、最後に自分を守る砦《とりで》、「壁」として、木登りの技を教えなかったので、みずからの命を守ることができました。

「害人之心不可有、防人之心不可無（ハイレンズシンブークウヨウ、ファンレンズシンブークウウ）」すなわち人を害する心を持ってはならない。人を警戒《けいかい》する心をなくしてはいけない。これは中国で昔から大事にされてきた警句です。

また、「教会徒弟、餓死師傅（ジャオホイトゥディ、ウースーフー：すべてを弟子に教えてしまえば、師匠は餓死する他ない）」これも中国では誰でも知っている処世訓、職人の世界では常識です。

中国でも、昔から料理や漢方《かんぽう》医学、武術の世界、さまざまな分野で、職人、専門家が代々技を伝え、受け継がれてきました。

こうした世界では「傳内不傳外（ツワンネイブーツワンワイ：大事な技は身内に伝授し、外の人へは伝授しない）」ことが常識とされてきました。

嫁いできて「自家人」となった嫁には伝授《でんじゅ》しても、いつか外へ嫁いで「外人」となる自分の娘にはけっして秘訣《ひけつ》を伝えません。さらに、嫁が実家に漏らすのではないかと警戒し、長年仕えてくれた嫁、長い年月をかけて信頼を築いた嫁でなければ秘密はなかなか明かしません。深い信頼関係を築くには、やはり濃密な関係、長い年月が必要なのです。

中国人は「打虎親兄弟、戦場父子兵（ダーフーチンシュンディ、ザンツァンフーズービン…虎と戦うのは兄弟でなければ、戦場で敵と戦うには父子でなければならない）」と古くからいい続けてきたように、いざという時、裏切らないのは血のつながった肉親だけ。つまり完全に信頼できるのは、儒教世界の基盤である「家族」しかないと考えてきました。

知人、友人の広がりを重視する中国人の中には、互いの間を隔てる強固な「壁」、そして猜疑心《さいぎしん》の深い溝《みぞ》も横たわっているのです。

第二章　なぜ、こんなに違うのか

中国人にはない日本人の「型」と「仕草」

自動車の販売店《はんばい》の店員さんが、帰っていくお客さんの車に深々《ふかぶか》と頭を下げたまま、数十メートルも見送っています。また駅では、見送りに来た人が、ドアが閉まって動き始めた電車に、いつまでもお辞儀《じぎ》をくり返しています。

そして街かどでは、見えない相手にしきりにお辞儀をしながら電話をかけている人。日本のあちこちで見かける、まるで儀式《ぎしき》のようにくり返されるお辞儀の光景は、外国人にはとても不思議なものに映ります。

私は時々スポーツクラブへ行きますが、たまに同じプールで行われる〇歳～二歳の幼児の水泳教室のレッスンと一緒になることがあります。

子どもたちのレッスンは、プールに入った先生が、子どもたちと同じくらいの大きさの人形の頭を押さえて深々とお辞儀させながら、大きな声で「こんにちは」と挨拶《あいさつ》することから始まります。

すると、プールサイドで子どもを抱いたお母さんたちも、先生と同じように子どもの頭を押さえて挨拶をさせます。終了の時も同じ。先生は子どもたちに向けた人形に、お辞儀をさせながら「さようなら」と大きな声で挨拶をします。そして子どもたちもまたお辞儀。

小さいころから知らず知らずのうちに、お辞儀を体にしっかりと覚え込ませます。三歳〜四歳のクラスになると、もう子どもたちは挨拶の言葉を聞くだけで、自然に体が反応するようになります。

こんな光景を目にするたび、相手にはけっして見えない所でくり返される、あの「型」通りのボディランゲージが自然と出てくる理由がわかったような気分になります。

外国人から見ると、日本社会は「型」を重視する社会です。「型」は日本人の暮らしの中で、まさに日本人の日常と共生しています。

例えば、一見どちらが日本人でどちらが中国人かわからなくても、一緒に食事をすれば、どちらが日本人かは一目瞭然《りょうぜん》です。同じように「いただきます」といって食事を始めても、日本人は自然にそっと手を合わせたり、軽く会釈《えしゃく》をしたりしますが、中国人にそうした体に染《し》み込んだ礼の「仕草」はありません。

一九八〇年代以降、仕事や勉強で中国へ行く日本人が増え続け、九〇年代になると日本にやってくる中国人も増えてきました。

こうした人の往き来は、互いの理解や言葉の壁を少しずつ縮めてはきたと思いますが、すでに体の一部となっている「仕草」や「型」は容易に同化するものではありません。

「あの人はなんとなく〇〇人に見える」という、なんともいえない感覚は、無意識に母国の文化との違和感として感じる「型」の違いからくるのかもしれません。

日本では「型」は心の表現であり、精神が求める大切な手続きです。また、それは伝統《でんとう》文化の形成《けいせい》や継承《けいしょう》に欠かせません。「型」はものの本質に関わる存在ですし、それを理解する糸口でもあります。

例えば茶道《さどう》は、その「和敬清寂《わけいせいじゃく》」の精神にふさわしい「型」が、茶室、茶器、礼法《れいほう》を通して、独自の美意識をかたち作っています。もしそうした「型」への昇華《しょうか》がなければ、茶はただの健康食品で終わっていたかもしれません。

仏教や茶道とともに発展した華道《かどう》も同じです。それはけっして花を生ける技術、見た目の美しさだけを追い求めるものではありません。供花《きょうか》から始まった生け花は、暮らしの中の草花を愛でる心に発展し、やがて人の生き方といった思想《しそう》におよんで、初めて華道として花開きました。

師から弟子へと伝承《でんしょう》されてきた華道では「相伝《そうでん》するのにふさわしくないものに伝えるのは、道の廃《すた》れる要因《よういん》である」と、師は弟子に、精神修養も含めた厳しい稽古《けいこ》をつけてきたといわれています。

茶道も華道も、精神を重視するのは日本の伝統文化に共通する所です。そしてそのいずれにも「型」は不可分《ふかぶん》で、「型」をして初めて「道」となるようです。

こうした「型」の文化は伝統の世界に限らないように思います。自動車教習所に行けば、周囲の安全を確認するにも、まるで歌舞伎役者《かぶきやくしゃ》のように大きく頭を振って「型」で示すことが求められます。

電車の運転士さんも、日本では、さながらダンサーのように一人であちこち指を指し、声を出しながら電車を運転しています。

子どもたちが廊下《ろうか》の雑巾《ぞうきん》がけをする姿も、みんな雑巾を持った両手を床につけ、お尻を高く上げて一列になって、まるで運動会のパフォーマンスみたいに一斉《いっせい》に廊下を走っていきます。あれも私には美しい「型」、ただの掃除《そうじ》には見えません。

さらに「型」には心を伝える力もあります。中国四川省《しせんしょう》大地震の時、テレビで放映された、現地にやってきた日本からの救援隊《きゅうえんたい》の隊員が、犠牲者《ぎせいしゃ》に深々と頭を下げて黙禱《もくとう》する姿は、普段「型」に接することのない中国人に大きな反響、感動を呼び起こしました。

「型」から心を学ぶ、あるいは気持ちを「型」として表現する日本人に比べ、中国人は「型」に無頓着《むとんちゃく》ですが、そんな中国でも、長年「型」を大事にしてきた世界があります。

以前、中国の小学校に日本人を案内した時のこと、授業中、中国の子どもたちが、みんなきちんと両手を机の上で重ね、背中を伸ばしてまっすぐ先生の方を見ている姿に、授業を見学した日本人がしきりに感心していました。

「あれはなんの意味ですか？」という質問に、私は「よそごとをしない。忍耐《にんたい》する。そして授業に集中し、教えてくれる先生への敬意《けいい》を表すことを、あの『型』で覚えさせるのです」と答えました。

農村と都会とでは、教育の環境にずいぶんと差のある中国の小中学校ですが、この授業中の「型」だけは、どこへ行っても変わりません。

両手を机の上で重ねるか、背中にまわして組むか、子どもたちはこのいずれかの姿勢で、授業を受けます。質問する時は手を挙げて、許可をもらってから立って質問する。授業の始めと終わりは、全員が立って一斉に声を出して挨拶をする。この習慣《しゅうかん》は高校を卒業するまで続きます。つまり学校では、まず「型」から学びの姿勢、雰囲気そして先生への敬意を教え込まれます。

私は一八歳で中国の師範《しはん》学校を卒業し、すぐに中学校の担任教師になりました。それまで生徒として、その「型」を実践《じっせん》してきた私は、一転して生徒たちの「型」を受ける立場になりました。

初めて教壇《きょうだん》に立ったその日のことは今も鮮明《せんめい》に覚えています。ベルが鳴り、教室に入っていった私を、すでにきちんと席についていた生徒たちは、例の机の上に手を乗せた「型」で静かに出迎えてくれました。

私が教壇に立つと、五六人全員が一斉に立ち上がり、大きな声で挨拶しました。不安な気持ちをいっぱい抱えて初めて教壇に上がった私は、不思議なことに、生徒たちの示してくれたあのおなじみのセレモニーから大きなパワーをもらった気がしました。

その後、広州《こうしゅう》の外大に入学し、初めて日本人の先生の授業を受けた時も、私たちは小学校以来身についた中国式の「型」で授業に臨《のぞ》みました。

しばらくすると、日本人の先生から「質問には、座ったまま答えていいですよ」と言われましたが、私たちはそれに慣れるまで、ずいぶん時間がかかった記憶があります。中国へ留学《りゅうがく》した学生や、中国の大学で教鞭《きょうべん》をとった経験がある日本人の先生の話の中にしばしば出てくるのも、中国の大学の授業中の静かさ、学生の集中力に驚《おどろ》いたという感想です。

私自身、小さい時から身につけたこの「型」のおかげで、大学に入っても学ぶ時のあるべき姿勢、雰囲気がおのずと身についたような気がします。

中国は「尊師重教（ズンスーズォンジャオ・・先生を尊敬《そんけい》する、教育を重視する）」の伝統を持つ国です。生みの親とともに、先生は教えの親、どちらも欠くことのできない大切なもの、中国の人たちは昔からそう考えてきました。

「生みの親は第一の父母、教えの親である先生は第二の父母」という言葉は、今も人々の中に生きています。一生懸命《いっしょうけんめい》に勉強して、立派《りっぱ》な人間になるのは、生んでくれた親、そして教えてくれた先生に対する何よりの恩返しと中国の人たちは考えるのです。

あまり「型」を重視する文化を持たない中国ですが、教室で子どもたちが見せる「型」の中には、もっとも基本的な中国の伝統、価値観が、今も受け継がれているように思います。

中国の若者が結婚できない二つの苦悩《くのう》

独身のことを中国語では「光棍（グヮングェン）」といいます。昔からあった言葉ですが、これまではみずから堂々と口にするような言葉ではありませんでした。つまり「打光棍（ダグヮングェン：独身生活《どくしん》）」の男というと、以前は何か体に問題があるか、健康だけれども仕事につかない怠け者、家庭を支えられない者を指していました。ですから昔の大人は、「こんなに怠けていては、将来は一生『打光棍』ですよ！」と、子どもを叱《しか》る時によくこの言葉を使っていました。

しかし、今では「光棍」の増加そのものが社会現象《げんしょう》となり、人々も自分が「光棍」であることを堂々と発言するようになりました。かつては人生の不幸といわれた「光棍」がむしろ普通のこととなってきた中国。そこにはけっして怠けものでない人、健康な人が結婚できないという中国社会の深刻《しんこく》な現実があります。

改革開放《かいかくかいほう》以前、中国では住宅も医療《いりょう》やさまざまな福祉《ふくし》と同様に、国が職場を通じてタダ同然の費用で生涯提供《しょうがいていきょう》するものでした。

しかし、一九八〇年代後半以降の改革開放の進行とともに、それまでの終身雇用《しゅうしんこよう》は失われ、同時に住宅も人々が買うべき「商品」へと変化していきました。

それはこれまで職場が提供する狭い家に住んでいた中国の人たちにとって、上質な広い家に住めるという選択肢《せんたくし》の出現《しゅつげん》でもありましたが、一方では従来《じゅうらい》はなかった住む家の心配が、人々の暮らしに入り込んできました。

この二十数年、政府もさまざまな形で人々の所得《しょとく》を引き上げる政策《せいさく》や、住宅を買うための補助《ほじょ》を行いましたが、住宅の価格はそれ以上に上昇し、一部の富裕層《ふゆうそう》を除けば、住宅はますます買うことが難しいものになってしまいました。

私の知人の息子は月収二〇〇〇元（三万三〇〇〇円）ほど、しかし彼ら夫婦が住んでいる七〇平方メートルのマンションは三十数万元（約五一五万円）したそうです。

「親が長年貯めてきた貯金の助けがなければ、僕にはとても買えません。」とその知人の息子は言います。

まだ彼の住む中国の地方都市なら、その程度の値段で住宅が買えますが、北京《ぺきん》、上海《しゃんはい》、広州《こうしゅう》といった大都会となると、マンションの価格は一平方メートルあたり八〇〇〇元から一万元（一八〇〇万円）、ちょっと便利な場所になるとその倍はします。ですから、結婚するとなると、まず住宅の獲得《かくとく》が大きな壁として立ちはだかります。

借家もあるにはありますが、もともと農耕の民だった中国の人たちは、家や土地への思いが強く、借りものではダメ、所有《しょゆう》しないと本当の「自分の家」ではない、そうした考え方が今も根強く残っています。

そんな中国人の家への強い思いを物語る風景が、広東省《かんとんしょう》にあります。広東省の開平（カイピン）という村には、中国風、西洋風あるいは華欧折衷《かおうせっちゅう》の一八〇〇余りのさまざまなデザインの家々が、今も畑の中に点在しています。

その奇妙な風景がマスコミで紹介され、多くの観光客が訪れるようになりましたが、もともとは百年以上も前に海外へ出稼《でかせ》ぎに行った人たちが、故郷に建てたみずからの家でした。海外で苦労を重ね、お金を貯めた開平の人たちは、何より先に故郷《こきょう》に家を建てようとしました。

しかし、当時はまだ海外との行き来は簡単ではありませんし、戦争や社会の混乱が続いていた時代です。戦火で家が焼かれてしまうかもしれず、本当に自分がその家で暮らせるかどうかもわからない状況にあっても、彼らは迷わず家作りに人生を懸《か》けたのです。

ここ数年、中国各地で若者のお見合いのイベントが開かれています。しかも本人以上に親たちが熱心で、会場にはむしろ親たちの姿が目立ちます。

そこで注目されるのは、やはり男性の収入、学歴、身長の「三高」。それに加えて、「家」を持っているかどうかです。さらにローンで買うのはダメ。「一括払いでないと、夫が勤め先を解雇《かいこ》されたり、会社が倒産《とうさん》した時、娘がローンの返済に苦労する」という親までいます。

今の中国のマンションの値段を考えると、まるでおとぎ話のような条件ですが、それほど住宅の心配が親の中にあるのです。

しかし、ローンで買うといっても、ある程度安定した仕事、しっかりした勤務先に勤めていないと、銀行は簡単にはローンを組んでくれません。ますます住宅を手に入れることが難しくなり、「家が買えない」という理由で、独身を続けざるを得ない若者も少なくありません。

今の中国では、けっして怠け者だから、体に問題があるからといった理由からではなく、住宅が「光棍」を作り出しているという一面もあるのです。

「光棍」を作り出すもう一つの原因に、男女の人口比率の歪《ゆが》みの問題があります。

一人っ子政策が三〇年続いた中国では、むしろ都市部では「結婚したら嫁さんの言うことしか聞かなくなる息子より、親の面倒《めんどう》をみてくれる娘の方がいい」という考え方が強いのですが、農村では昔と同じように男の子が求められる、伝統的な「伝宗接代（ツァンゾンジェーダイ：代々家の跡を継ぐ）」という男尊女卑《だんそんじょひ》の考え方が残っています。

実はこの農村の男子重視には、現実的な背景があります。毛沢東《もうたくとう》の人民公社《じんみんこうしゃ》による集団営農の時代は、男女は働けば平等に収穫《しゅうかく》が分配《ぶんぱい》されていました。

しかし、改革によって、それまで人民公社のものだった土地が農家に分配され、各農家が請《う》け負《お》い生産をするようになると、かつての家族制度のように「女の子はやがて結婚して外へ出ていく。男の子を家の跡継ぎとして、各家に農地を分配した方がいい」といった男系の「家」中心の考え方が復活し、農家にとっては再び男の子が女の子より大切なものになりました。

一人っ子政策では、もちろん男女の産み分け、差別は禁止されていましたが、地方の農村では事前に男女を診断して産み分けたり、女の子だと出産後の間引きまで行われていたといわれています。そのため一人っ子政策が始まってからの三十数年で、中国の男女の出生率は不自然に偏ってしまいました。

国の調査によると、一九八二年の男女の出生率が１０８対１００、一九九〇年は１１０対１００、二〇〇〇年は１１９対１００、二〇〇九年には１１９・４５対１００と、自然の男女の出生比率《しゅっせいひりつ》といわれる１０７対１０３と比べて、異常に男の子の出生率が高くなっています。

その結果、中国社会科学院が発表した二〇一〇年の『社会藍皮書（＝社会白書）』では、中国の一九歳以下の世代の男女の人口は、女性が男性より二三七七万人も少ないと報告しています。つまり農業政策の転換《てんかん》がもたらした男尊女卑の復活によって、一〇年後、適齢《てきれい》期《き》を迎える男性は、女性より二千数百万人も多く、結婚したくても相手がいない、という深刻な事態《じたい》に直面しています。ちなみに二〇一四年の国勢調査によると、この年に生まれた新生児は女児100人に対して、男児が115・9人だったといわれています。

近年、この一人っ子政策は子どもを二人まで作れるように見直されました。しかし、改革開放以降、すべて自己負担となった教育費や将来の結婚（住宅）といった問題を考えると、「一人っ子で十分」という人が大多数です。実際、私のまわりで二人めの子どもを作った夫婦はごくまれです。

また、価値観の変化も「光棍」を増産しています。何より自由であることが大切と考える都会の若者の多くは、学歴が高く、仕事もあって、経済的にも自立しています。

彼らにとっては、経済も自由、行動も自由、何ごとも自由気ままな暮らしが一番。結婚して家庭や子どもに、これまでの自由を束縛《そくばく》されることが何よりも嫌だといいます。

望むと望まざるとに関わらず、「光棍」を続ける若者が増えるにつれて、「光棍」は世間をはばかる、マイナーな存在ではなくなってきました。

独身者の日を意味する11月11日の「光棍節（グヮングェンジェ）」も彼ら自身が作った記念日です。カレンダーにこそ載っていませんが、ネットを通じてどんどん広がり、中国では知らない人はいないくらいです。

「枝も葉もない、一本の棒のような1が並んだ11月11日は、配偶者《はいぐうしゃ》も子どももいない独り者のようで、私たちにぴったりだ」と彼らは言います。

この日になると、独り者同士が集まり、パーティのテーブルでは互いの悩みや楽しみ、趣味や仕事と、どんどん話題が広がり、そこから「光棍」とさようならする新しいカップルが誕生することもあるといいます。

その昔、あまりイメージのよくなかった「光棍」と呼ばれる人々の生き方そのものが、激動《げきどう》の時代を経験してきた中国社会の苦悩、そして未来そのものを映し出しています。

「静けさ」が当たり前の日本人、「壮大な音」が好きな中国人

どこへ行っても、いつも賑《にぎ》やか、そんな環境に育った中国人が日本に来て感じるのは、日本がとても静かなことです。新幹線や電車、バスに乗っても静か、大きな話し声はもちろん、次の到着駅を知らせるアナウンスの他には、コマーシャルや音楽が車内に大音量で

流れることもありません。車の多い通りでも、行き交う車はクラクションを鳴らすこともなく、静かに走っていきます。

茶道や華道といった日本の伝統文化に触れた中国人の感想も、きまって「日本人は静かな人たち」です。お茶室や日本式の庭園《ていえん》はもちろん、各地の神社仏閣《じんじゃぶっかく》、名所旧跡《めいしょきゅうせき》はどこも静かな雰囲気。そのこと自体、中国人にはとても新鮮なのです。

「静けさ」は日本文化特有のテーマのようにすら感じられます。日本の料亭《りょうてい》では、音を立てずに料理が運ばれ、お客も店の従業員《じゅうぎょういん》も静かに部屋に出入りします。

庭の池で鯉が跳ねる音、庭木の枝が風で揺れる音まで聞こえてきそうな静けさの中で、穏やかな時間が流れていきます。

床の間の掛け軸や花も、「静けさ」を演出しています。昔から日本人は、暮らしの中に静寂《せいじゃく》さを作り出しては楽しんできたようです。また、音を通じて「静けさ」を楽しむのも、日本人の独特の情緒です。

水の流れる音、日本の庭にはお馴染《なじ》みのししおどしの音、地中に埋めた壺《つぼ》で水のしたたりの音を楽しむ水琴窟《すいきんくつ》も、私には中国的というより日本的なものに感じます。

さらに緑豊かな公園にも、梢《こずえ》をわたる風の音を楽しむ仕かけを作ったり、虫の声に季節を感じる等々、さまざまな物音の中に時の流れや季節を見つけて楽しむ豊かな感性が、日本人の中には受け継がれているようです。

どこかで春が生まれてる
どこかで水が流れ出す
どこかで雲雀《ひばり》が鳴いている
どこかで芽の出る音がする
山の三月　東風《こち》吹いて
どこかで春が生まれてる

「どこかで春が」の歌の中には、雪解け水が細い流れとなって山の斜面《しゃめん》を流れ出す音、森にこだまする雲雀の鳴き声、そして冬を耐えた新芽《しんめ》が青々と吹き出る「音」、そんなどこまでも「静か」で力強い心の中の音の世界が広がっています。

かつて中国の学生にこの歌を教えた時、「先生、芽の出る音って本当に聞こえるんですか？」と訊かれたことがあります。見聞きできることに心を寄せる中国人の感性と、静寂さの中に、心で音を感じる、感じようとする日本人の感性との違いを感じることも少なくありません。

大晦日の夜、新年を迎える真夜中の一二時になると、日本中のお寺では除夜《じょや》の鐘《かね》が鳴り始めます。

一年中で唯一日本中に響きわたる鐘の音は、むしろ静寂をもたらす音に聞こえます。鐘の音のもたらす静寂さの中で新年を迎える、これが日本人の中で営々と続けられてきた一年の始まりです。

また、夏には窓辺《まどべ》や軒先《のきさき》に風鈴《ふうりん》が下げられます。かすかな風に揺れる風鈴は、一瞬の静寂さとともに、ひと時、日々の現実の暑さから解放される不思議な清涼感《せいりょうかん》をもたらします。

しかし、中国の季節をイメージさせる音は、日本と大分風情《ふぜい》が違います。中国の広東地方には「雨打芭蕉（ユィダーバージャオ：雨が芭蕉＝バナナの葉を打つ）」という古くからの伝統曲があります。

以前、広州交易会に来た音楽好きな日本人のAさんと、歓迎《かんげい》行事として開催《かいさい》された伝統芸能《げいのう》の夕べに行った時も、この曲が演奏されました。

演奏後Aさんは、「曲名から、庭の芭蕉の葉に雨が静かにパラパラと落ちてくるようなイメージを持っていましたが、壮大《そうだい》な曲なので驚きました」と私に言いました。

中国の南にある広東や広西《こうせい》は亜熱帯《あねったい》の地方です。そこには見渡す限りの広大なバナナ畑が広がっています。「雨打芭蕉」は、時折りシンバルの音を響かせながら、さまざまな民俗楽器の力強いリズムが、広大なバナナ畑のバナナの葉を打つ激しい雨、大きなバナナの木が激しい風雨に揺れる壮大な亜熱帯ならではの光景を表します。

同じ雨音という言葉から、静寂さをイメージする日本人と、暴風雨《ぼうふうう》に揺れる広大なバナナ畑をイメージする中国人、環境によって異なる感性が育つのは当然かもしれません。

私が好きな日本の歌に「紅葉」があります。

渓《たに》の流れに、散り浮くもみじ
波に揺られて、はなれてよって

美しい日本の秋の里山、谷川の風景の中に漂《ただよ》うもみじ、静寂な、それでいて豊かな季節感が伝わってくる歌ですが、ある時、日本人の学生が、この歌の中国語の歌詞を私の所に持ってきました。

そこには「波に揺られて、はなれてよって」が「揺晃着乗上了波浪、浩浩蕩蕩去遠方」と訳されていました。「浩浩蕩蕩」、「浩蕩」は、例えば「浩蕩的長江（雄大な揚子江）」とか、「東風浩蕩（東風が力強く吹きわたる）」といった場合に使われる表現です。ですからこの中国語の訳詞を日本語に戻すと「波浪《はろう》に乗ったもみじは、滔々《とうとう》と流れる大河の流れとともに、力強く遠くへ遠くへと押し流されていく」といった意味になります。

いつの間にか、谷川の流れが、大海原《おおうなばら》や大河《たいが》の「波浪」に成長しています。中国人のとらえる風景の世界と、日本人のふるさとのイメージにはこれくらい違いがあるのです。

「古池や蛙《かわず》飛び込む水の音」、有名な芭蕉の句ですが、日本人なら誰でも、このわずか一七字、「ポチャン」という音のイメージの中に、限りない静寂な世界の広がりを感じます。その主人公は森閑《しんかん》とした緑の中の池の畔《ほとり》に静かに座っていた一匹の蛙。

しかし、中国人にとっての池の蛙は、団体で大騒ぎするもの。普段から「子どもたちは池の蛙のように賑やか」と言っている中国人にとっては、一匹の蛙がポチャンと静かに池に飛び込む風景よりも、団体でバタバタ、グァーグァー大騒ぎして池に飛び込む蛙たちの方がイメージしやすいのです。

心の中の静かさの世界に心を惹《ひ》かれる日本人と、現実の世界に関心を寄せる中国人では、その見えてくる世界も違ってくるのです。

静かなことに心を惹かれる日本人は、深い「抑制《よくせい》」の文化の中で生きる人々かもしれません。「人に迷惑《めいわく》をかけてはいけない」、「迷惑をかけないように」という言葉は、日本の家庭や学校でよく使われる言葉です。

「迷惑をかけない」という短い言葉は、人としてのあり方、人と人との付き合い、そして社会全体の調和の大切さを示す、深く、しかし、同時にとても現実的な素晴らしい言葉だと私は思います。

電車で行く遠足、先生は子どもたちに「人に迷惑をかけないように」と声をかけます。このひとことで、子どもたちは静かに電車に乗り席の取り合いをすることもなく、降りる時は自分の飲んだジュースの缶や、ゴミをちゃんと持っていきます。

具体的に「～をしてはいけません」と言わなくても、子どもたち自身に考えさせる。そんな日本人の精神性にあふれた簡潔《かんけつ》な言葉に感心してしまいます。

俳句や短歌の世界も、繊細《せんさい》な感情や自然の表情を限りある文字に凝縮《ぎょうしゅく》する、日本独自の文学です。言葉数が少なく、感情をおさえ、喜怒哀楽《きどあいらく》を顔に出さない。寡黙《かもく》で無表情といわれる日本人ですが、緊密な人間関係の中で培われてきた独特の「抑制」の文化は、価値観の多様な今の時代にこそ、むしろ求められるのではないかと思います。

花は咲いていてこその中国人、散る花を楽しむ日本人

春といえば桜。日本人にとって、桜は新年度の始まり、春の象徴《しょうちょう》そのもののようです。また、花見は今でも日本人に欠かすことができない国民的な行事です。ですから、春になれば、テレビの天気予報でも桜の開花情報は欠かせません。

そして、この季節になると、桜前線の北上にともなって、桜の木の下にシートを広げ、お酒を飲みながら花見を楽しむ風景が日本中で見られます。近年、そんな日本の花見を見にやって来る中国からの観光客を、あちこちで見かけるようになりました。

日本の桜の美しさはもちろんですが、桜の下で花見の宴を楽しむ、花に酔い、酒に酔うことで季節を楽しむ日本人の姿を見ることも、彼らにとってはとても新鮮《しんせん》なのです。

その昔、中国の宮廷《きゅうてい》にも「観梅（グァンメイ：梅の花を観賞《かんしょう》する）」の習慣《しゅうかん》がありました。

文人墨客《ぶんじんぼっかく》は「咏梅（ヨンメイ：梅の花を題材《だいざい》に絵や詩を創作する）」を楽しんでいましたし、それは今も中国の文化人の間に受け継がれています。

梅と中国との関わりは古く、日本の桜と同じように、中国のどこへ行っても梅の木はあります。でも、「観梅」が国民的行事にまで広がることはありませんでした。

中国人は季節によって、あるいは地方によって、梅の花、桃の花、海棠《かいどう》の花、牡丹《ぼたん》、梨《なし》の花と、それぞれの季節季節の花を楽しむことはありますが、日本人の「花見」のような、その季節に欠かせない国民的行事ではありません。

日本の花見も、もともとは奈良《なら》時代の貴族たちの間で、中国の宮廷文化だった「観梅」の習慣が受け入れられたものといわれ、万葉集《まんようしゅう》などにも多くの梅の歌が残されています。

平安時代になるとそれが桜になり、鎌倉時代以降は武士の間にも花見の習慣が広がって、江戸の元禄《げんろく》時代には、さらに庶民《しょみん》にまで広がったようです。

また一説には、春の到来《とうらい》を告げる桜を田の神として、御馳走《ごちそう》をそなえ豊作を祈願する素朴な習慣が生まれ、それが貴族的な「観梅」と一緒になって、今日の花見になったともいわれています。

いずれにしても、農耕の民の祈りと最先端の文化行事が混ざり合いながら、桜は日本人にとって特別な存在になっていったようです。

桜は一年中どんどんその姿を変えていきます。ほんの短い盛りの時季を過ぎると、花は一瞬に散り落ちて、私の苦手な毛虫が大好きな、若葉の季節を迎えます。

夏には青々とした葉が木をおおい、秋になると紅葉へと色を染めます。

そして冬には葉を落として灰色のたくましい幹《みき》や枝ぶりを見せ、やがて来る春へやわらかな花芽を枝に育みます。年に一度、ほんの一週間ほどの桜の花ですが、日本人は来る年も来る年も、この桜の花との再会を待ちわびて一年を過ごしているようにさえ感じます。

パッと咲き、パッと散る桜の美しさに、武士道の潔さを重ね合わせ、ほかの花とは違う格別《かくべつ》の美しさを感じているのでしょうか。

やはり、中国人にとっての花の魅力《みりょく》は、外見の美しさ、あるいはその美しい花を見る喜び、感動そのものですが、日本人にとっては、そこに人生を投影《とうえい》するような、季節を生きる桜の生きざまそのものなのかもしれません。

ある年の五月、私は中国の東北部にある旅順市《りょじゅんし》の桜花園《おうかえん》に行きました。その日は風が強く、一五〇〇本あるという桜は、すでに花の多くが散ってしまっていました。

「白来了（バイライラ：せっかく来たのに無駄だった）」と中国人の観光客はがっかりした表情を見せていましたが、日本人の観光客は「これはこれで素晴らしいですね」と感嘆の声を上げていました。

花は咲いていてこそ花という中国人に対して、潔く散りゆく花びら、消えていこうとする姿にも美しさを見出す日本人の美意識、同じ花を前にしてそれぞれの感動は大きく違います。

中国でも花に人生を投影することはあります。冬の寒梅《かんばい》は強さを象徴し、色鮮やかな牡丹は、人生の栄華、富貴を思い起こさせます。

また、「桃花運（タオホワユイン）」は女性運、「桃色新聞（タオスーシンウェン）」は艶《えん》聞《ぶん》というように、桃の花は女性につながるイメージです。

しかし、中国を代表する、中国人の心を表す花はなんですか？　と問いかけても、梅の花という人もあれば、牡丹の花という人もあって、けっして一様の答えは返ってきません。

春の桜と同じように、日本人の大好きなものに夏の花火があります。細やかに姿を変えるはかなげな線香《せんこう》花火も人気がありますし、華やかな打ち上げ花火も、その大輪《たいりん》の花のような美しさだけでなく、燃えつき、夏の夜空に消えていく様子が日本人の心をとらえるようです。

そして秋になると「秋の夕日に照る山もみじ」だけでなく、「渓の流れに散り浮くもみじ」も日本人にとっては一つの風情、美の境地《きょうち》のようです。

山々をそめる雄大《ゆうだい》な景色には、中国人も美しさを感じますが、散って静かに川を流れていく落ち葉には、「あ〜、散ってしまった。残念だなあ」といった感興《かんきょう》以上のものは生まれません。

わび、さび、もののあわれを感じる感性、「枯」の中の美、「寂」の中に生きる美を見出すことは、豊かな四季に恵まれ、繊細な感性を育てた日本人の得意な世界。それを理解することは、中国人にとってさらにさらに難しいことなのです。

お茶がタダで飲める日本。お湯しか出てこない中国

「お茶がタダで飲めるって、本当にありがたいですね」。中国の長期滞在から帰ってきた日本人の知人がそうしみじみと言ったことがあります。日本ではお茶はどこでも出してく

れて、タダで飲めるもの。そんな「日本の常識」を、帰国してあらためて実感したそうです。

日本では赤ちゃんからお年寄りまで、お茶を飲む習慣が空気のように当たり前に広がっています。家ではもちろん、遠足に出かける時も水筒《すいとう》にお茶を入れて持っていきます。会社へ行っても、お茶は用意されていますし、学校でも昼食時はお茶が出てきます。病院でも入院患者《にゅういんかんじゃ》にお茶がサービスされますし、食堂に入れば注文しなくてもお茶は出てきます。しかも大抵の場合、日本ではお茶はタダで提供されます。

ところが、お茶の歴史も長く、お茶に慣れ親しんでいる中国ですが、当たり前のようにお茶が出てくることはありません。

病院でも学校でも、出されるのは「開水（カイスゥイ：沸騰させたお湯）」だけです。出張や旅に出る人は、ほとんどの場合自分でお茶の葉を持っていきます。中国の列車に乗ってみると、乗客たちがみんな自分の「茶缸（ツァーガン：筒型のやや深めの蓋《ふた》のある湯呑み）」に、お茶の葉を入れて持っていることに気づきます。

列車の中で無料で提供されるのは「開水」のみ。お茶はお金を払って飲むというのが中国人の普通の感覚です。レストランで食事する時も、お茶はメニューの一部、「茶水費」という値段がつけられています。

さらに一壺《ひとつぼ》のお茶を注文すると、次々とお湯は足してくれますが、お茶の葉を入れ替えてくれることはありません。濃いお茶が飲みたければ、またもう一壺注文しなければなりません。最近は、料理を待つ間に、サービスとしてお茶を出す店も見かけるようになりましたが、入っているお茶は茶碗に半分。けっしてお替わりは出してくれません。日本人は「?」と思いますが、中国ではこれでも大サービスなのです。

広い中国にはお茶の種類がたくさんあります。しかし外国からのツアー客を相手に、最初からそれなりの値段を織り込んでいる所を別にすると、お店に入っても気軽にお茶を出してくれる所は本当にまれです。

普段の暮らしの中でも、特別の来客はともかく、普通の中国人同士の間では「お茶を飲みましょう」を意味する「喝杯茶吧（フーベイツァーバ）」より、むしろ「お湯を飲みましょう」を意味する「喝杯水吧（フーベイスゥイバ）」という言い方がよく使われます。日本にはお湯を飲むという習慣がないのでピンとこないと思いますが、中国は家庭でもこうした表現がごく普通に使われています。

日本人にとってお茶を飲むことは、ただ喉の渇きをいやすだけではないようです。茶道のお茶席でなくても、お茶とお菓子、食事とのバランス、相性、雰囲気が大切にされます。普通、ケーキや洋菓子には紅茶かコーヒー、逆に和菓子でコーヒーを飲む人を私は見たことがありません。日本料理の店で食後に出されるのも日本茶です。ペットボトル入りのお茶が全盛となった今でも、お茶には飲料以上のこだわりを感じます。

一方中国では、街なかによくある、中国人が気軽にお茶を楽しむお店に行くと、ヒマワリの種、スイカの種、カボチャの種、果物の砂糖漬けといった、昔ながらのお茶うけが並んでいますが、ここでもこのお茶にはこれ！というほどのこだわりはありません。

また日本でも人気の中国式の「飲茶（ヤムチャ）」ですが、お茶というより、むしろいろいろな甘い点心から鶏や魚、肉の料理、小籠包《しょうろんぽう》、肉マン、ビーフン、お粥を楽しむ、実に豊かな食の宴です。

中国の料理は脂っこいですから、食後には脂を分解《ぶんかい》してくれるお茶が欠かせませんが、やはり主役はお料理。お茶にこだわる人はほとんどいないと思います。

また、野菜が少なく、ミルク、バター、チーズや肉が食事の中心になる中国の遊牧民《ゆうぼくみん》の暮らしでは、お茶は必需品《ひつじゅひん》。馬乳茶《ばにゅうちゃ》やバター茶は彼らの日常に欠かせない食料です。遠くへ放牧に行く時も、重要なビタミン源でもあるお茶をかならず持っていきます。つまり遊牧民にとって、お茶は嗜好のためというよりも切実な食べものです。

中国で当初は薬として使われ始めたお茶ですが、やがて風邪などの予防や、健康のための食品として人々の暮らしの中へ広がっていきました。

例えば、中国の南には、少数民族だけでなく漢民族《かんみんぞく》の人たちの間にも「油茶（ヨーツァー）」を飲む習慣があります。

貧しい時代、他におかずがなくても、生姜《しょうが》、ネギ、お茶の葉を油で炒《いた》めながら棒《ぼう》で潰《つぶ》し、水と塩を入れて作る「油茶」は体を温めてくれるスープであり、ご飯にかけて食べる手軽な食事でした。

体にもよく、お腹も満たしてくれるこの「油茶泡飯（ヨーツァーパオファン）」は、日本のお茶漬け同様、庶民にとってとても身近な食べものでした。食生活が豊かになった今でも、「油茶泡飯」や「油茶」は暮らしの中にしっかりと根づいています。

お茶といえば「面茶（ミェンツァー）」、「茶湯（ツァータン）」、「杏仁茶（シンレンツァー）」、「油茶面（ヨーツァーメン）」も中国ではおなじみの伝統的な食品です。

といっても「面茶」は、粟の粉を水で溶いたものを煮立てて、ゴマ塩をふりかけたもの。「茶湯」は、キビの粉や高粱《こうりょう》の粉を炒ったものに熱湯をかけた麦こがしのようなもの。「杏《あん》仁《にん》茶」は、炒った杏仁の粉と米粉、砂糖を混ぜ、お湯で溶いたもの。そして「油茶面」は、小麦粉を炒って少量のバターやゴマ油を加え、ゴマ、胡桃《くるみ》の実などと混ぜて熱湯をかけて食べるものです。

つまりこれらは、茶という文字は入っていますが、いずれもお茶を使った食品ではありません。好みで塩味や甘みをつけて、雑談をしながら食べる軽食です。日本語の「お茶する」時の食べものだから、茶という字が使われていると考えると、わかりやすいかもしれません。

日本では、お茶といえば茶碗や急須《きゅうす》といった道具が、かならず「対」のものとして登場します。ペットボトルのお茶が増えてはきましたが、やはりお茶は茶碗で飲まないとお茶の味がしないようで、緑茶もコーヒーカップでOKという人は、まだ少数派です。

しかし、中国では、高級な茶室や「茶芸（ツァーイー：中国のお茶の作法）」を見せる所を別にすれば、茶器にそれほどこだわりません。お碗でもコップでも、お茶さえ飲めればかまわないというのが、中国人の普通の感覚です。

中国式のお茶の飲み方は、蓋つきの茶碗にお茶の葉を入れてお湯を注ぎ、蓋をします。しばらくしてから、茶碗の蓋をずらし、お茶の葉が口に入らないように茶碗と蓋の隙間《すきま》からお茶を飲みます。

お茶が好きな人はそれぞれ自分専用の「茶缸」を持っていますが、この「my茶缸」はけっしてきれいに洗いません。わざわざ茶渋《ちゃしぶ》を残すのは、それが大事な「茶香（ツァーシャン：お茶の香り）」だからです。彼らが言うには、この茶渋がたっぷりついた「茶缸」で飲めば、たとえ水を入れてもお茶の香りが楽しめるのだそうです。

日本では茶道、中国では書道

遣唐使《けんとうし》が中国から日本に持ち帰ったお茶は、やがて日本人の暮らしに欠かせないものになりました。茶道も特別の趣味人の間だけにとどまらず、日本文化の重要な一部となりました。

子どもたちにとっても、茶道は教科書の中の知識だけではないようです。習いごととしても、また日本を知る社会教育、体験学習の一部としても、接する機会は少なくないようです。

かつて宇治《うじ》のお茶室へ行った時のこと、そこでお点前《てまえ》をしてくれたのは茶道を勉強中の五年生の女の子でした。お茶の先生が見守る中で少し緊張しながら彼女が点ててくれたお茶は、初々しい素晴らしいお点前でした。

私は何度かお茶室でお茶をいただいたことがありますが、日本の茶道の「厚み」をあらためて感じさせられたこの小さな女の子のお点前が、とても印象に残っています。

ところがお茶を日本に伝えた中国人にとって、抹茶は日本で初めて体験するものです。意外かもしれませんが、茶室に入った中国人は、その場の雰囲気はもちろん、抹茶の色、濃さ、苦さ、細かく立てられた泡、茶筅《ちゃせん》の動き、大きな茶碗、すべてを新鮮に感じます。

中国では唐の時代からお茶を飲む習慣が生まれ、瞬《また》く間に庶民にまで普及しました。古くから中国人の生活に不可欠といわれてきた「柴、米、油、塩、醤、酢、茶」、そして精神生活に必要とされた「琴、棋、書、画、詩、酒、茶」の中で、唯一両方に含まれているのがお茶でした。

それほど暮らしに密着し、中国人の精神にも深く関わってきたお茶ですが、残念ながら書道のように、「道」にまで発展することはありませんでした。

一方で中国は書の国です。隷書《れいしょ》、楷書《かいしょ》、行書《ぎょうしょ》、草書《そうしょ》、書道は今も昔も、中国人にとって重要な教養の一つです。

私の時代も習字は小学校の低学年から必修《ひっしゅう》の科目でした。まずは筆の持ち方から先生は厳しく教えます。掌に卵を抱えるように筆は真っ直ぐ持つ。姿勢を正して、筆先に精神を集中して、一字一字、一画一画、心をこめて書く。それを何度も何度もくり返しながら、正しい書き順を覚え、文字を覚え、形を覚え、表現を見つけていきました。

私も書道を通じて中国人としての精神、文化を学んだように思います。「字が美しく書けること」が大事な教養であるという考え方は、今も変わりません。しかし、中国のお茶の文化が、そうした精神の教育を担うことはありませんでした。

茶聖といわれ、中国の喫茶文化の礎《いしずえ》を築いた唐の時代の陸羽《りくう》はその『茶経』の中で、解熱や頭痛、体の痛みの緩和など、茶の効用を説いています。

お茶は、脂肪《しぼう》を分解したり酒の酔いをさましたり、あるいは眠気ざましや風邪などを予防する健康飲料として、さらに今日ではダイエットにも効果がある飲みものとして、人々に受け入れられてきました。そうして中国のお茶は実用のもの、長い歴史を持つ身近な存在となりましたが、実用以上の精神性、書道のような「道」としての文化には至りませんでした。

中国では、昔ながらの庶民的な茶館でも、お茶はあくまでも脇役《わきやく》です。そこでは音楽や漫才、講談や地方の演劇などの出しものや、お客さんの談笑の声が賑やかに飛び交い、お茶は人びとの関心の中心ではありません。

最近登場してきた立派な茶室でも、美しい茶器や、きれいな「茶芸小姐（ツァーイーシャオジェー：お茶の作法を見せる若い女性）」による優雅な演技を見ながら楽しむお喋りが主役。お茶は雰囲気を盛り上げる脇役に過ぎません。

しかし、日本の茶道はひたすらお茶を飲むこと自体が目的だといいます。そこにあるのは洗練されたお茶の所作と静寂《せいじゃく》。その中で無言の交流が進んでいきます。

日本人は茶の湯を通して、相手を思いやる心、互いをうやまう心、自然と一体となる心を育む、独特の精神世界を発展させせました。

同じ出発点を持つ中国と日本のお茶ですが、中国ではお茶は薬として、病気の予防や養《よう》生《じょう》という実用的な文化の道を歩み、一方で中国からお茶を受け入れた日本は、そこに磨《みが》かれた感性、精神的な境地《きょうち》の世界を生み出し、文人だけでなく広く庶民にまで広がる、日本人の中の普遍《ふへん》的《てき》な精神文化にまで発展させていったようです。

同じ根を持つ中国と日本のお茶の世界の違い、ここにも二つの国の人々の感性、精神性の違いを垣間《かいま》見る気がします。

中国人は「漬けもの」がおかず、日本人は「香のもの」がお茶の友

漬けものは世界中の至る所で受け継がれてきた保存食、食の文化です。中国にもさまざまな漬けものがありますが、やはり代表的なのは、大根や「榨菜（ザーツァイ）」などの根菜を、粗塩《あらじお》や醤油《しょうゆ》、塩水などに漬け込んだものです。広い中国ではその土地土地にいろいろな漬けものがありますが、日本人はその圧倒的な塩辛さに、びっくりするかもしれません。

榨菜は日本でもポピュラーな中国の漬けものです。私は高校の時、この榨菜作りの工場へ見学に行ったことがあります。そのころの榨菜作りは、機械を使わず、すべて手作りで行っていました。

最初に収穫されたコブコブの塊の榨菜を水洗いし、それをタイル張りの小ぶりのプール

のような巨大な桶《おけ》に入れます。そこに粗塩をいっぱい入れて、長いゴム靴を履いた工場の人が足で踏みつけます。それを一日おいて榨菜から出た汁を捨てて榨菜を洗い、また粗塩を入れて踏みつけるという作業を、榨菜から汁が出なくなるまで続けます。

そして最後に塩と唐辛子、香辛料を混ぜて、大きなカメに入れて密封します。そうして数ヶ月もすると榨菜の漬けものが完成します。

今では、中国のスーパーでも、扱いやすくカットされた榨菜の漬けものがたくさん並んでいます。スーパーの榨菜は、すでに一度塩出ししてありますが、それでも日本の漬けものから見るととても塩辛い漬けものです。とはいっても、まだまだ多くの家庭では、昔ながらの値段の安い塊のままの榨菜を買ってきて、水で塩出ししてから料理に使っています。

榨菜にはいろいろな食べ方がありますが、「榨菜肉絲湯（ザーツァイロウスータン：榨菜と細切り肉のスープ）」は、とてもポピュラーなスープです。もともとは、榨菜をスープに入れたら塩味をつける必要がないし、榨菜を塩出しする手間も省《はぶ》けるという一石二鳥の庶民的なスープでした。その榨菜スープに豚や鶏などの細切り肉を入れると、「榨菜肉絲湯」のできあがりです。

中国の漬けものが塩辛いのは、一つには長期保存に塩漬けが欠かせなかったこと、そしてもう一つは、まだ生活が豊かでなかった時代、塩辛い漬けものがちょっとあれば、それだけでご飯のおかずにできたからでした。そうした食料が乏しかった時代によく食べていた、ご飯代わりの味のないお粥と漬けものは、今でも中国人が大好きな組み合わせです。でも貧しい食事のイメージがあるので、普通お客さんに漬けものは出しませんし、お土産にすることも滅多にありません。

また、広州など中国の南の方は、夏はとても暑い所です。ですから人びとは、水分を補給するのに、よくお粥を食べます。

夏、中国の南の方を歩くと、街のあちこちにお粥の屋台を見かけます。屋台のテーブルには、榨菜、大根、高菜、ちょっと酸味のあるインゲン豆やラッキョウ、生姜、タケノコ、唐辛子と、さまざまな漬けものの皿が並べられ、お客は自由に好きなものをとって、お粥と一緒に食べています。

まさに老若男女《ろうにゃくなんにょ》、中国人にとっての漬けものは、もっとも手軽で身近な「おかず」であることは、今も変わりません。

日本でも漬けものは庶民的な身近な食べものです。かつて中国の北では、「餃子作りがヘタな女の子は嫁にいけない」と言われ、煲湯（バオタン：広東式の深い土鍋でスープを作ること）が大好きな広東人は「煲湯が上手にできない女の子は嫁にいけない」と言われていました。

同じように、日本では「ぬか漬けが上手に漬けられない娘は嫁にいけない」という話を聞いたことがあります。ともに日常の暮らしに漬けものが欠かせない中国と日本ですが、日本人は中国人以上に漬けものを愛していたようです。種類も日本の方が豊富です。大根、人参、ごぼう、筍、かぼちゃから白菜、高菜、きゅうり、なす、京都のデパートの漬けもの売り場を歩いていると、袋入りのトマトの漬けものまでありました。その味はちょっと想像しにくいのですが、漬けものへの探求心《たんきゅうしん》、チャレンジ精神は、とても中国人の及ぶところではありません。

中国では漬けものは粗末な食べものですが、日本では高級な日本料理でも最後にご飯と一緒にかならず漬けものが出てきます。手軽な定食を出すお店でも、コンビニのお弁当でも、さらには手作りの愛情弁当にも漬けものは欠かせないようです。季節に敏感《びんかん》な日本人は、漬けものの季節感にも、心をくだきます。

日本では漬けものを「お新香《しんこう》」、「香のもの」といいますが、中国人の私には、とてもロマンチックな「雅号《がごう》」のように聞こえます。

「お新香」「香のもの」という言葉には、土の中から、季節の香りが匂ってくるような、そんな詩的なイメージがあります。だからでしょうか、庶民的な身近な食べものでありながら、季節感にあふれる日本の漬けものは、お中元《ちゅうげん》やお歳暮《せいぼ》といった季節の贈答品《ぞうとうひん》の定番でもあるようです。

また、中国の伝統的な漬けものはただ塩辛いだけですが、日本の漬けものは素材の味が楽しめるくらいアッサリしていて繊細です。もともと保存食、常備菜《じょうびさい》だった漬けものは、中国ではずっと「おかず」の世界の住人でした。でも日本では、お茶のお友にもなります。

そのことを私が知ったのは、留学生として初めて日本にやってきたホームステイ先のS家でのことでした。

ある日、「お茶でもいれましょう」と言いながら台所へ行ったS夫人は、お湯を沸かし、大根の漬けものを切り始めました。晩ご飯の支度《したく》が始まったと思った私は、「もう晩ご飯の支度をするんですか？」とS夫人にたずねました。するとS夫人は、切ったばかりの漬けものを見せながら「お茶と一緒に美味しいわよ」とにこにこして私に言いました。

小皿に並んだ大根の漬けものと、湯のみの中の緑茶を見比べながら「紅茶ならクッキーかケーキ、中国式ならお茶にはカボチャかスイカの種、ピーナッツか甘いお菓子なのに、おかず（漬けもの）とお茶？」とこの二つを結びつけられない私の頭の中は、またまた「？」だらけになってしまいました。

ところが、実際に大根の漬けものとお茶を一緒にいただいた私は、「意外に合う！　美味しい！」と思わず口に出してしまいました。S夫人と二階の座敷《ざしき》に座って、ベランダ越しに見える山の麓《ふもと》に広がる静かな竹林を見ながら、お茶と一緒に食べた漬けものの味は、私にとってちょっと新鮮な感動でした。

やがて日本での生活が長くなると、お茶とちょっと塩味のきいた味覚は、日本人独特の味覚の世界ではないかと感じるようになりました。日本人の大好きなお茶漬けもそうですが、やはり共通するのはお茶とちょっとの塩味。お茶は入っていないのにお茶と呼ぶ、こぶ茶や梅こぶ茶もそうした日本人好みの一つです。

中国へ帰る時、何度かこのこぶ茶や梅こぶ茶をお土産に持って帰ったのですが、それの説明には毎回疲れてしまいます。「お茶っていうけど、これスープじゃないの？」「お料理の調味料にいいね！」こぶ茶や梅こぶ茶を飲んだ中国の人にとってこれはスープ。ですから私が「そう、これはお茶の時間に飲むスープ、『スープ茶』です」と説明するとやっと納得してくれるのです。

でも後からわかったのは、こぶ茶や梅こぶ茶をプレゼントした中国の知人は、みんなそれを調味料としてしか使っていなかったということ。中国人にとって、やっぱりそれは「おかず」の世界の住民だということでした。

先にお風呂が日本人、先に食事が中国人

「先にお風呂にしますか？　ご飯にしますか？」これは日本の家庭でよく交わされる会話です。でも中国の家庭で、こうした会話を耳にすることはありません。

日本ではお風呂も食事も同じくらい大切な暮らしの一部ですが、中国ではなんといっても「食」が一番。中国は多くの民族を抱え、地域によってさまざまな風俗《ふうぞく》習慣がありますが、食べることが何より大切なことは、東西南北どこへ行っても共通です。つまり中国の人にとって、「洗澡（シーザォ・体を洗う＝お風呂）」は「食」ほど重要ではないのです。

中国の北方には、日本と同じようなお風呂の習慣があります。昔は家庭にお風呂がなかったので、公衆浴場を利用していましたが、お風呂に行くのはせいぜい週に一回ほど。今はお風呂のある家が増えていますが、それでも入浴はせいぜい二、三日に一回くらいというのが普通のようです。

暑い南の方では毎日「洗澡」しますが、とはいってもシャワーか水で汗を流す程度です。農村へ行くと「洗澡」はもっと人々の暮らしから離れたものになります。

農村では畑仕事の帰り道に川で顔や足をサッと洗っておしまい。あるいは寝る前に家の裏で、汗を水で流せば「洗澡」は完成です。体を洗わずにそのまま寝てしまうのも、それほど珍しいことではありません。

さらに青海省《せいかいしょう》や寧夏《ねいか》回族自治区《かいぞくじちく》といった、水が貴重な中国の北西部の農村地域では、水を使うこと自体がとてもぜいたくなことです。食事以外の水はとにかく節約するので、生涯の間で生まれた時と、結婚の時、そして死んだ時の三回しか体を洗わない。そんな暮らしも昔は珍しくありませんでした。

そうした地域では、訪れた人に顔や足を洗うための洗面器、あるいはバケツ半分のお湯か水を出してくれたら、それは最高のもてなしです。

使った後の水もけっして無駄《むだ》にしません。庭や菜園の野菜に撒《ま》いたり、家畜《かちく》に飲ませたりして再利用します。とはいっても、それほど水に困らない地域でも、毎日「洗澡」するという習慣はあまりありません。

近年、観光地になった所では、観光客を迎え入れるために、洗い場がない所は洗い場を作ってシャワーが使えるようにする、シャワーがあったらさらに浴槽《よくそう》も用意する、といったことが盛んに行われていますが、これは商売のため。人々の生活スタイルが変わった訳ではありません。

かつて私は中国の新疆《しんきょう》から二ヶ月間日本に滞在する文化交流団の通訳を担当したことがあります。イスラム教徒の彼らは、豚肉を食べませんし、同じテーブルで他の人が豚肉を食べるのも不快なので、二ヶ月間マンションを借りて自炊《じすい》生活を送ってもらうことになりました。

ある日、マンションの水道代の請求《せいきゅう》がきましたが、あまりに請求金額が少ないことに気づいた日本の担当者が、「彼らは毎日お風呂に入っていますか？　遠慮しないように彼らに伝えてください」と私に言ってきました。そのことを伝えると、「週に一回は入っていますよ。家にいる時よりたくさん入っています」と彼らは言いました。

彼らの住む新疆は冬は寒く、夏は簡単に四〇度を超える暑い所です。あの孫悟空《そんごくう》が活躍する『西遊記』に、火焔山《かえんざん》として登場するほど新疆は気温が高いのですが、湿度が低いので汗はすぐに乾いてしまい、日本のように汗だくになることはありません。ですから暑い夏でも、毎日体を洗うという習慣がないのです。

彼らの日常生活は、外から帰るとタンタンと服についた埃を落とし、伝統的な注ぎ口の長いヤカンで手に水を注いでもらって、手や顔を洗うだけ。体を洗うのは数週間に一度、あるいはもっと長い期間に一度というのが普通のことなのです。

ある時、彼らに「李さんは休日、何をして過ごしているの？」と訊かれました。私が「温泉に行ったりします」と答えると、「せっかくの休日を、体を洗うだけで過ごしてしまうの？」と不思議そうな顔が返ってきました。

中国の人たちの休日の過ごし方は、どこかへ美味しいものを食べに行ったり、家で御馳走を作って楽しんだり、食べることを中心に過ごすのが普通です。「体を洗うことで休日を過ごす」という過ごし方は、中国の人たちの休日のメニューにはないのです。

日本と中国では、お風呂に入る頻度《ひんど》だけでなく、お風呂のとらえ方そのものに大きな違いがあります。

中国で日本人と一緒に仕事をした時のことです。三ヶ月に及んだ仕事を終え、帰国することになった日本人スタッフの送別会で「日本に帰ったらまず何をしたいですか？」という中国人の質問に、「ゆっくりお風呂に入りたいです」と日本人のスタッフは答えました。

これを聞いた中国人は「皆さんの部屋にはシャワーがあったでしょう？　皆さん使わなかったのですか？」とびっくりした顔でたずねました。

中国人にとっては「シャワーを浴びること＝お風呂に入る」なのですが、やはり「I Ｌｏｖｅゆ」の日本人にとっては、シャワーを浴びることと、ゆったりと湯船に体を沈めることはまったく別のこと。単に体を清潔にすることと、お風呂でくつろぐことは、まったく意味が違います。

中国人には、銭湯「○○湯」はスープの店

中国でもその昔は、「湯泉（タンチュエン）」という表現があるように「湯」はお風呂のお湯、温泉を指していましたが、やがてお風呂や温泉の「ゆ」の意味で使われなくなって

しまいました。近年、中国の街を歩いていると「○○湯」といった看板を掲げた銭湯《せんとう》や温泉を目にするようになりましたが、これは「照片、相片」をあえて日本語風に「写真」と書くのと同様、中国人にとっては新鮮で、エキゾチックな日本語風の表現を狙ったもので、中国語的な表現ではありません。

現在の中国語では「湯（タン）」は大抵の場合、料理の煮汁、吸いもの、スープを意味します。ですから、味噌汁は「醬湯（ジャンタン）」、「一汁三菜」は「三菜一湯（サンツァイイータン）」といいます。

日本にやって来た中国人が、「○○湯」と書いた銭湯の看板に、温泉マークを見つけると、「あっ、スープのお店だ！」と思うのが自然、そこで「男湯」、「女湯」の文字を見ると、「えっ！　スープも、男用と女用があるの？」と不思議な表情を浮かべます。

日本ではその独特な気候風土もあって、日本中どこへ行っても「○○湯」といった公衆浴場や温泉を見かけます。かつてお家に内風呂がなかった時代、人々は街の銭湯を頻繁に利用していたようです。

昔の日本人の生活を描写《びょうしゃ》した絵画や文学、記録の中には、人々の暮らしに欠かせないお風呂風景がしばしば登場します。例えばお正月になれば、初詣、書初めとともに、初風呂も新しい年の始まりに欠かせない決まりごとです。

やはり日本人にとって、お風呂は体を洗うだけでなく、心身ともにリフレッシュできる特別の場でもあるようです。つまり、昔から中国人は食卓で「湯（タン）」を、日本人は湯船の中で「湯」をこよなく愛してきたのかもしれません。

私にとって、忘れられないとても印象的な「ゆ」にまつわる記憶があります。それは一九九五年の阪神淡路大震災《はんしんあわじだいしんさい》の時、ボランティアの若者たちが震災被災者《しんさいひさいしゃ》の皆さんに「足湯」を届けたというニュースの映像です。

二〇〇七年の能登半島《のとはんとう》地震の時も、若者たちの「足湯隊」が大活躍しました。二〇一一年の東日本大震災でも、被災地に持っていった移動式のお風呂や、津波ですべてが流された瓦礫《がれき》の中に作られたドラム缶の急造のお風呂が、疲れた人々の心身を癒したようです。

命に関わる悲惨《ひさん》な災害のさなかでも、日本人にとっての湯は、癒しの力を持った特別なものだと実感した記憶が今も鮮明に残っています。

湯を心から楽しむ日本人。名湯《めいとう》、秘湯《ひとう》から露天風呂《ろてんぶろ》、足湯、指湯、寝湯、薬草湯、日本人のお湯へのこだわりには終わりがありません。

お正月には松竹梅《しょうちくばい》の湯、端午《たんご》の節句《せっく》には菖蒲湯《しょうぶゆ》、冬至《とうじ》になるとゆず湯、さらにバラ湯、蘭《らん》の湯、中国人の食欲を刺激してしまいそうなワイン湯、生姜湯、米ぬか湯、レモン湯、オレンジ湯、リンゴ湯、カリン湯、そして晩白柚《ばんぺいゆ》の入ったお湯と、お湯を楽しむアイデアもどんどん広がります。

最近観たテレビによると「見合いの湯」まであるそうです。中国では「花前月下（ホァチェンユェシャ）」で愛を語りますが、一緒にゆっくりとお湯に浸りながら小さな窓を介して男女が語り合う、そんな日本人ならではのお風呂まで登場したようです。

中国にも日本ほどではありませんが、温泉はあります。二〇〇六年、私は南の広東省中山市《ちゅうざんし》の三郷《さんごう》にある仙沐園（シェンムーユェン）温泉に行きました。

入り口の両側に、ここを訪れた、国内外の要人《ようじん》や著名《ちょめい》な人の写真が飾られているこの温泉は、まるで公園のような広大な温泉施設でした。中には巨大な温泉プールの他、砂風呂、お茶の葉を入れたお茶の湯、酢を入れた酢の湯、コーヒーを入れたコーヒーの湯、牛乳を入れたミルク湯、バラの花を浮かべたバラ湯と、いろんなお風呂がありましたが客はガラガラ。公費や接待《せったい》で来た人以外、一般のお客さんはほとんど見かけません。

人が少ない原因はなんといっても、一二〇元という利用料。当時月収がおよそ八〇〇元～一五〇〇元程度の現地の人々にとっては、かなり高額な料金です。お風呂や温泉が暮しの中の一部となっている日本では、ちょっと考えられない料金の高さです。しかも中国の温泉は水着着用ですから、それも用意しなければなりません。料金が高いのはここだけではありません。

中国の北にある長白山《ちょうはくざん》という有名な観光地にも温泉がありますが、ここの一般向きの料金も、南の温泉と同様、地元の人々の平均月収の一割ほどになります。つまり中国の温泉は普通の人々が気軽に行ける所ではないのです。

「先にお風呂にしますか？　ご飯にしますか？」という問いかけに「なぜお風呂が先？」と思う中国人、「お風呂が沸いたよ！」というホームステイ先の奥さんの言葉に「えっ！今日もまた？」と驚く中国人、温泉旅行で翌日《よくじつ》の朝もお風呂に誘われ「朝から？」とたじろいでしまう彼らの？？？に、中国と日本の「湯」への思い、お互いの「当たり前」が違ったりすることを実感できるかもしれません。

第三章　認め合えるか、認め合えないか

日本人は「おにぎり」的、中国人は「チャーハン」的

日常のさまざまなコミュニケーションの中で、中国人のストレートさが日本人をびっくりさせることがあります。

逆に、中国人の側からは、日本人の曖昧《あいまい》さ、遠回しな表現が、日本人とは付き合いにくいと映りがちです。

一見和気あいあいとしたコミュニケーションの中にも、「どうも疲れる」という感じが双方に残るのは、そのためかもしれません。

一人ひとり、個性はさまざまでも、人の性格は育った環境や風土に深く根差《ねざ》すもの。日本人と中国人の性格の違いも、それぞれの環境、風土に深く関わっているようです。

海に囲まれた島国の日本は、五六の民族からなる中国から見れば、ほとんど単一の民族の国です。

また、地震や台風といった自然災害の多い狭い国土で、農耕を中心に暮らしてきた日本人は、互いに助け合い一丸とならなければ生きていけない環境の中から、育まれてきた人々かもしれません。

そう考えると、日本人の集団としての意識の強さも不思議ではありません。日本人自身

はあまり気づいていないかもしれませんが、海外へ出ると日本人のそうした傾向が一層鮮《せん》明《めい》になります。

ツアーのお土産も、一緒に行った他のツアー客とついつい同じものを買い求めたり、語学研修《けんしゅう》のための留学《りゅうがく》なのに、留学先で日本人ばかりが集まってコロニーを作って結局日本語で過ごしたり、何人かで食事をする時も、誰かが「これにする！」というと、全員が「それでいい」と同じものを注文したり、そうした光景をよく目にします。

こうした日本人の行動から中国人が受ける印象は、「斉（チー）」です。

中国語の「斉」とは、「揃っている、キチンとしている、整然《せいぜん》としている、同じである、一つにまとまる」といった意味ですが、日本人は、うちなる「心斉（シンチー：考え方が同じ。阿吽《あうん》の呼吸）」、すなわち日本人同士の「和」を保つのに、まるで「行動斉（シンドンチー：行動が同じ）」も不可欠と考えているかのように見えるのです。

以前、私の家族の食卓風景の話をして、日本人の知人に驚かれたことがあります。

私の父は小麦粉が主食の中国の北の、吉林省《きつりんしょう》の長春《ちょうしゅん》生まれ長春育ちです。仕事の都合で中国の南の地方で暮らすようになりましたが、中国の南特有の固い粘りのないお米中心の食事にずっと慣れることができませんでした。

当時はまだ食料が配給《はいきゅう》の時代でしたが、お米を主食とする南の地方では小麦粉の配給が少ないので、家族に割り当てられるすべての小麦粉は父のためのマントウや麺にされていました。

ですから食卓では父だけがマントウや麺類を食べ、私たちはお米のご飯を食べるという風景が、父が亡くなるまで続きました。この話をすると、日本人の知人から「日本では考えられない」とちょっと驚きの反応が返ってきました。日本人にとっては、食卓で同じものを食べることが家族の絆《きずな》の象徴《しょうちょう》、とても大切なことのようです。

そうすると私たち家族の食卓は、まるで崩壊《ほうかい》した家族のもののようですが、中国ではごく普通の風景です。それに何より、私の家族は強い心の絆で結ばれていました。

こうした「みんな一緒」的な志向は、言葉の表現の中にもしばしば表れます。

ある時、どうしても中国語の発音がうまくできない学生がいました。私が何度か直そうとすると、彼女は「無理です。日本人に語学は無理！」と言いました。

また、出張先で、日本人のMさんとホテルのバイキング方式の朝食を一緒に食べた時のことです。彼は取ってきた納豆を混ぜながら、「日本人の朝ごはんはやっぱり納豆がないと」と嬉しそうに私に言いました。

でも、私の日本人の友人には納豆を食べない人が何人もいます。そして彼らもまた、「納豆なんか食べるのは関東の人。関西人はあんなものは食べません」と言います。

私には単に個人の得意不得意、好き嫌いの問題と思えるのですが、彼らは当たり前のように「(私たち) 日本人」、「(彼ら) 関東の人」、「(私たち) 関西人」と、「私」を複数形の表現に置き換えてしまいます。こうした言いまわしは日本語の会話の中に少なくありません。

しかし中国人は自分の考えを表現する場合、「我 (ウォー・私)」を使います。例えば「ご飯より麺が好きです」という時も「我」を使い、「我們 (ウォーメン・私たち)」や「中国人」といった複数形の表現はあまり使いません。自分は自分しか代表しない。他人まで含めた全体を代表することはできない、と中国人は考えます。ですから、中国語では「我」を使う頻度は高くなります。これが、「私」つまり個人を前に出したがらない日本人から見ると、中国人は自己主張の強い人たちと見えるようです。

確かに中国人の会話の中には「我」がよく登場しますが、これも中国人、中国語が育った環境、風土に大きく関わっているように思います。

中国の広大な国土は、気候、環境の違いから地域の独自性を生み、また五六という民族の多様さが、さまざまな文化の特色、多様性を生み出すので、まるで中国という一枚の絵の中に、色とりどりの風景、それぞれの色彩が個性を競い合っているかのようです。

一つの国でありながら、さまざまな個性が独自に発展《はってん》した多元的《たげんてき》な環境、それが中国人の「我」を育て上げてきました。

おにぎりとチャーハン。おにぎりは日本人にとって、親しみを感じさせる食べものですが、たくさんのご飯粒がしっかりとくっつき合って、ひとかたまりのおにぎりとなるさまは、あたかも日本人の特性を表しているようです。

逆に、中国人は個人個人が勝手に行動する個人主義的な傾向《けいこう》が強く、チャーハンのように一枚のお皿に盛られても、ご飯粒はパラパラと一つにまとまることなく、それぞれが「我」を大切にしながら互いの関係を保っています。

日本人の「暗黙《あんもく》の了解《りょうかい》」は中国人にはまったく「不可解」

決定的な決裂《けつれつ》を避《さ》けるための曖昧な表現が日本人の特徴となり、人間関係をスムースにするための技として発展したように思います。

日本語では、「ちょっと」「まあ」といった、話の背景《はいけい》がわかっていないとなかなか理解できない表現もよく使われます。

そうして共通する所の多い日本人の間で、日本語はより繊細になりました。その結果「暗黙の了解」を共有する日本人の間では通じても、外国人にとってはまるで「濃い霧」に包まれているような不可解なコミュニケーションがごく普通に行われています。

もっと直接的に伝えてもよいような会話でも、日本人はわざと遠まわしな表現を好む。日本人の会話にはそうした印象を強く受けます。

かつて最初の留学で日本にやって来た時、私は半年ほど入院したことがありました。退院の日、ホームステイ先のS夫人が、退院祝いに私の好きなものを作ってくれることになりました。

まだ小学生だったS家の次女の悦ちゃんが「ジェージェー（お姉さん）、何が食べたい？」と私に訊《き》きました。私は「お茄子《なす》」と答え、その晩S夫人は美味しいお茄子の料理を作ってくれました。

夜、枕を並べて寝ていた悦ちゃんが突然《とつぜん》私に言いました。

「あのね～、ジェージェー、私、唐揚《からあ》げが食べたかったの」悦ちゃんはあの時、私に「唐揚げ」と言って欲しかったようでした。「そう言ったらよかったのに。」と私は言いましたが、悦ちゃんは、はにかんだようにただにこにこするだけでした。

まだ小学生の女の子がこんな婉曲《えんきょく》な会話をするのを、当時の私は本当に不思議に感じていました。

日本での暮らしが長くなるにつれ、私はこうした表現に大分慣《な》れてきました。ある冬の日、教室に入ってきた私に、学生が「先生、寒くないですか？」と声をかけてきました。

こうした表現に慣れてきた私は、これは「私（学生）は寒いのですが、暖房《だんぼう》を強くしてもいいですか？」という意味だと理解できるようになりました。もし、日本語の表現にまだ慣れていない外国人が「寒くないです」と答えると、寒い思いをしている学生から「ニブイなぁ。しょうがないなぁ」と評価を下されそうです。

一見、他人にたずねるように見えますが、実は自分が主張している。このことがわからない外国人にとっては、なんとも気まずさだけが残る、不可解な会話になってしまいます。昔から、助け合いながら固まって暮らしてきた日本人にとって、調和が大切なことは理解できます。

でも、中国人の私から見れば、そんな過剰《かじょう》なほどの気遣い、遠まわしな表現は必要ないのではと思うことも少なくありません。

一方、中国人の性格は率直《そっちょく》です。これも中国人の置かれてきた環境によるものだと思います。

地域によって風土も環境もさまざま。さらに民族、文化も多様な中で、それでも共存して生きていかなければならない。自分のまわりには、つねに自分と異なる背景、地域や民族の異なる人がいる。そんな中で、「暗黙の了解」がなければ伝わらないコミュニケーションは機能のしようがありません。

曖昧で遠回しな表現、相手を探りながらのコミュニケーションは、多様な人々の中で生きる中国人にとって現実的ではありませんでした。

コミュニケーションの太い幹さえ伝われば、枝葉《しよう》の内容はそれほど重要ではない。枝葉末節《まっせつ》までが伝わる、理解されることを求めるのではなく、何よりまっすぐで、率直で簡明《かんめい》なコミュニケーションこそが、背景の異なる人々と素早く、そして誤解を避けるための唯一の方法であることを、中国の人たちは営々と続く日々の暮らしの中で学んできたのだと思います。

細かなことを気にしない中国人、粗雑《そざつ》を許せない日本人

しかし環境が育んだこの性格が「負」の面を生むこともあります。率直な半面、細かいことを気にしない中国人は、日本人の繊細《せんさい》さに比べると粗雑です。つまりこうした粗雑さ、ゆるさを容認する土壌が中国人の中にあります。

例えば電車が時刻表通りに来なくても、そのことに目くじらを立てて会社にクレームを出す中国人はほとんどいません。「仕方ない。どうせもう少ししたら来るさ」という人が大多数です。

中庭を囲んで数家族が暮らす古い中国の伝統的《でんとうてき》な住まいに、排水の設備はありません。

それぞれの家族が、中庭の地面に洗濯に使った汚水などを撒《ま》きますが、「(下水管がなくても)ちゃんと地面が吸い取ってくれるからいいさ」と、急速《きゅうそく》に発展した今日でも、互いに目くじらを立てず、そうした暮らしに取り立てて違和感を感じることなく過ごしている人も少なくありません。

中国でも急速に車が増え、道路の整《せい》備《び》が進んでいます。新しい道路にはカーブミラーも設置され始めましたが、旧市街の見通しの悪い路地の多くでは、まだまだ設置が進んでいないので、怖い思いをすることがたびたびあります。

でも、車を運転する人に訊くと「道路をちゃんと舗《ほ》装《そう》してくれたら、ミラーはなくてもいいさ」という反応がほとんどです。交通事故が深刻《しんこく》でない訳ではありませんが、それでも「細かいことはまあいいさ」というのがまた中国人的な感覚です。

中国の南の方の山奥の村へ仕事で行った時、そこの村のお爺《じい》さんが作った、木製のおサルのおもちゃを買いました。

その昔ながらの素朴《そぼく》な手作りのおサルは、棒を動かすと可愛い仕草で手足を動かしながら棒を上ったり下ったり、なかなか可愛いのですが、なぜか尻尾がなくお尻がペッタンコなことに気づきました。

「お爺さん、なぜ尻尾《しっぽ》がないの？」と、忙しそうにおサルを作っているお爺さんに訊くと

「尻尾は折れやすいから省略《しょうりゃく》したんだよ」と笑いながら教えてくれました。

その村を歩いてまわると、あちこちで同じようなおサルのおもちゃを作って売っているのですが、みんなお尻がペッタンコでした。

私はせっかく可愛いおサルだから、お尻や尻尾もあればと思いましたが、その村の人たちは、動きが可愛いんだから、お尻がペッタンコでも、別にかまわないと思っているのかもしれません。

北京に「炸醤麺大王（ザージャンミェンダーワン）」という、日本でも人気のある「炸醤麺」の美味しい専門店があります。

店に入ろうとすると、店頭に立っている男性の店員が「お二人さま〜！」と店内に向かって大声で叫び、これを聞いた店内のウェイターたちが一斉に「二位里辺請〜！（アルウェイリービェンチン：お二人さま、中にどうぞ！＝いらっしゃいませ！）」と声を揃えて出迎えてくれます。

店内にはちょっと懐《なつ》かしい雰囲気の四角いテーブルに木でできた背もたれのない細長いベンチが並び、お揃いの素朴で庶民的《しょみんてき》な昔風のベスト、黒い布製のカンフー靴といった姿の店員が、これまた懐かしい昔風の応対でお客を迎えてくれるお店は、北京市民にも大変人気があります。

「炸醤麺」を頼むと、セリにもやし、ねぎにニンニク、コリアンダーに揚げた大豆など、さまざまなトッピングを小皿に入れて運んできてくれますが、これをガチャガチャと派手な音を立てながらテーブルに並べてくれます。

それ自体賑《にぎ》やかで楽しいパフォーマンスですが、当然お皿は傷だらけ。まわりのテーブルを見渡しても、やはり欠けたお皿が普通に並んでいます。客の方も「美味しかった。また来るよ！」とは言っても、「器が欠けてた！　危ない！」とクレームを言う人はいないようです。

日本ではどんな安いお店でも、フチの欠けている食器で料理を出す店はまずありませんが、美味しければ、少々欠けたお皿があっても気にとめない。お店もお客もある意味大雑《おおざっ》把《ぱ》、おおらかに「料理」を楽しむ。後のことは「まぁ」というゆるさが中国人流です。

こうした「ゆるさ」の故か、経済が発展して、出まわる商品の種類、量は急激に増えましたが、残念ながら品質への配慮は十分ではありません。

そんな中国人も、外国とビジネスの関わりが深まるにつれて、これまでの「粗雑」な性格では対処できなくなり、むしろ正反対の配慮《はいりょ》が求められるようになってきました。

もしかすると、改革開放《かいかくかいほう》から始まった中国のグローバル化は、数千年来育まれてきた中国人的な「ゆるさ」を少しばかりグローバル基準の「繊細さ」に近づけようとする、遠大なプロジェクトの始まりなのかもしれません。

日本人と中国人の高級な料理はこんなにズレている

グローバル化が進み、世界中のさまざまな食文化が身近になっても、日本では昔ながらの庶民的なうどんや蕎麦《そば》の人気が衰えることはないようです。むしろ慣れ親しんできた分、「こだわり」の対象として、有名な産地がブランド化したり、蕎麦打ちが人気の趣味となったりしています。

お蕎麦の高級店も少なくありませんし、お客様を招待《しょうたい》したり、お土産に使われたりと、むしろ趣味的で高級な食品としての地位を築いているように見えます。

蕎麦だけではありません。お寿司や漬けもの、梅干し等々、伝統を大切にする日本人は、昔ながらの、本来は庶民的なものにも価値を認め、それが身近な食品であると同時に、高級品としてもちゃんと遇していることに感心させられます。

中国でも蕎麦は昔からあった庶民的な食べものです。日本と同様、冷たい麵にしたり、あつあつの汁麵にしたり、こねて薄くのばしたものを焼いて食べたり、お団子にしたりと、さまざまな食べ方で親しまれてきました。しかし、キメがあらく、色も黒っぽい蕎麦は、白くてキメ細かな小麦粉と比べて粗末な食べものと見られてきました。

麺をよく食べる北の人たちも、来客に小麦粉の麺を出すことはあっても蕎麦で接待することはほとんどありません。さらに同じ小麦粉の麺でも、フォークを使って食べる西洋風のパスタならもっと高級と中国の人たちは考えています。

また、近年は、「日本烏冬麺（リーベンウードンミェン・日本のうどん）」という看板を掲げる店も増えてきました。しかし、お店に入って食べてみると、確かに見た目は、日本のうどんのように麺は太く、海老や葱や椎茸が載っていて、一応日本のうどん風なのですが、味はしっかり脂っぽい中華風だったりします。

もともとはパスタもうどんも、中国発祥《はっしょう》の麺がもととなった食品なのに、今では外国からの食べものというだけで、中国の麺の倍以上の値段をつけてもお客さんが入ってくる、という不思議な現象《げんしょう》が起こっています。

伝統的なもの、先人の知恵や文化、歴史に価値を感じるのか、むしろ外国から入ってきた目新しいものに価値を認め、伝統はただ「旧《ふる》い」ものとして扱うのか。人それぞれに価値観は違いますが、中国では圧倒的に、後者の価値観が優勢です。

確かに新しいものに新鮮《しんせん》な魅力《みりょく》を感じるのは自然なことです。でも、新しいものへ傾倒《けいとう》するあまり「昔からのもの、旧いものは田舎っぽく、安っぽい」として、伝統的なものの価値観を否定してしまう傾向が、中国人の場合、少し極端《きょくたん》な気がしてなりません。

伝統的な料理より、バイキングが上等

私は中国から日本に来たお客様を、お昼時、日本の高級なお蕎麦の店で接待する場面に何度も同席しました。

歴史を感じさせる風情《ふぜい》のある店構え、華《はな》やかさはないけれど趣《おもむき》のある器、吟味《ぎんみ》した素材、そして長年修業したそば職人の、技を凝らした蕎麦の素朴な味わい、日本人には堪らない魅力ですが、そうした日本の招待者の思いは、中国人にはなかなか伝わりません。

また、一度の旅行で何十万円も買いものをして帰るという、お金遣いのあらさで有名になってしまった中国人の観光客ですが、専門店で一足数万円する下駄《げた》があるのを見て、ただただびっくりしています。

中国人にとっての下駄は、昔からどこの田舎にもあった木のスリッパに過ぎません。ブランドの革靴ならともかく、とても納得《なっとく》できないのです。

確かに数万円は高いですが、素材を吟味し、その道の名人といわれる職人の手作りの下駄ならという感覚、本来庶民的なものでも歴史、伝統の中で培《つちか》われた技や洗練《せんれん》されてきた感性、文化に格別の価値を認めるという感覚が、日本人の中にはしっかりと根づいています。

明治以来、日本もさまざまな文化を西洋から積極的に受け入れてきました。しかしその一方で、庶民的・日常的なものであっても、時とともに磨《みが》かれた技や感性、伝統を貴重な価値として受け入れる感受性も、日本人はみずから取り戻し、育んできたように思います。フレンチ、イタリアン、中華料理、世界中の料理が溢れる日本ですが、高級で値段も高い料理となるとやはり日本料理です。

また都心の豪華なホテルよりも、静かな佇まいの日本の高級な旅館《りょかん》の方が値段も高く、人気があったりします。

ファストフードのマクドナルドはどこにでもありますが、お米を使った和風のライスバーガーの方が高級だったりします。

しかし、中国では、マクドナルドは登場以来ずっと「王様」です。中国にあるさまざまなファストフードの中でも、圧倒的に高価ですし、人気もあります。

数年前、私が南京《なんきん》の学校へ講義に行った時、学生から「マクドナルドのアルバイトの時給が五元、六時間働いてやっと三〇元のマクドナルドのセットが買える」と聞いて、私は少し驚きました。

中国式のハンバーガーともいうべき「肉夾饃（ロウジャーモウ）」、香ばしく焼いた饅《まん》頭《じゅう》にお肉をはさんだ、昔ながらの手軽な食べものが中国の北西地方にありますが、やはり数年前私が西安に行った時は一個たったの一・五元でした。噛めば噛むほど小麦の風味がでてくる美味しい「肉夾饃」はボリュームもたっぷりなのに、値段はマクドナルドの数十分の一です。

外国からきたものは自国のものより価値がある。こうした感覚に支えられた中国のマクドナルドは「天価（テンジャ：高い値段）」を謳歌《おうか》し、それでも客が絶えることがありません。

中国では、そんなマクドナルドに、知人から誘われたことが何度もあります。誘う側は、新しい西洋文化、高級な所に招待した、という満足感があるのでしょうが、私には中国の伝統的な食事の方が、よほど貴重で魅力的なものに映ります。

近年、日本に観光旅行にやってくる中国人が急激に増えています。こうした中国人に人気があるのは、日本的な会席《かいせき》料理ではなく、むしろバイキング、ビュッフェスタイルの食事です。

もともと中国の伝統的な食文化には、バイキングといったスタイルはありません。中国のホテルで始まったバイキング形式の食事は、当初は外国人向きのものでした。

一九九〇年代に入ると、普通の中国人にも提供されるようになりましたが、当時は目新しい西洋風の食事ということもあって、値段はかなり高価でした。それから二十数年経った今も、やはり中国ではバイキングは高価で、高級な食事です。

本来手間のかかる繊細な日本料理より、手間のかからないバイキングの方が好まれるというのは、接待する日本の側にとっては嬉しい（？）誤算です。

「なぜ、薄暗くて古臭い日本料亭の方が、近代的なホテルのレストランより値段が高いのですか？」「なぜ、少ししか量のない日本料理の方が、種類も量も豊富で、色も鮮やかなバイキング料理より高いのですか？」という質問は、日本に来た中国人から出されるもっとも多い質問の一つです。

風雪《ふうせつ》に耐えた古《いにしえ》の建物を通じて歴史に触れる。地元でとれた厳選素材を使った伝統的な料理に、グルメの醍醐味《だいごみ》を味わう。そこに行かなければ感じられないことや、体験できないものごとに価値を認める。日本人と中国人の感じ方のポイントには、大きなズレがあるのです。

奈良は遷都《せんと》一三〇〇年を契機《けいき》に、多くの観光客が訪れました。そんな中で、唐招提寺《とうしょうだいじ》が修復《しゅうふく》され、多くの中国人も訪れていますが、「素晴らしい！」と言いながら「でも折角の修復のチャンスなのに、どうして昔の材木をわざわざ使って修理したの？　全部新しくした方が頑丈でいいじゃない」という疑問を口にするのも中国からの観光客です。

旧きもの、伝統のあるものは、日本人一人ひとりにとっても、みずからの歴史であり記憶の一部でもあるようです。それを大切にし、尊重することは、日本人にとってごく自然なことに見えます。こうした一人ひとりの中にしっかりと根を下ろした、文化的な土台があったからこそ、日本各地にはいろいろな暮らしの伝統や文化、時代の記憶、遺跡が残り、また残すことができたのかもしれません。しかし、一般の中国の人々の中には、こうした土台は希薄です。

悠久の歴史のある中国には、地下に貴重な遺物がたくさん残されています。もちろん、こうした歴史的な文物を盗むことは厳しく禁止されていますが、「盗墓（ダオムゥ：盗掘《とうくつ》すること）」が後を絶ちません。

しかも「盗墓」の主役は、そのほとんどが土地勘のある地元の人たちです。「你盗墓、我盗墓、大家都成万元戸（あなたも盗掘する。私も盗掘する。みんなで万元戸＝金持ちになる）」という冗談が一九八〇年代に流行りました。

当時と比べると、取り締まりの法律も厳しくなりましたが、それでも東西南北、全国各地で、歴史的遺産の盗掘は絶えません。むしろその手口は、以前より組織的に、より巧《こう》妙《みょう》になっているとさえいわれています。

一九八〇年代の改革開放以降、中国政府は歴史遺産の保護に取り組むようになりました。とくに近年、北京オリンピックや上海万博《しゃんはいばんぱく》などを契機に、国や地方政府も歴史や伝統的な文化、歴史的景観の価値を再認識し、各地の旧跡や伝統的な街並み、民家などの歴史的景観の保護、修復に積極的に乗り出しています。実際、修復の助成《じょせい》や対象地区の住民への補助金のおかげで、かつての街並みや史跡が回復している所も出てきました。

しかし、これらはあくまでも上からの政策によるという点で、日本にあるような、人々の理解や情熱に支えられた市民的な取り組みとは大きく異なります。

日本のある町で、昭和の面影を残す小学校の取り壊し問題をめぐり、住民と役所の間で対立しているというニュースが報道されました。昭和の記憶を残そうと、取り壊しに反対する住民の姿を見て、きっと中国ではその逆になるか、あるいは誰も意識することなく、どんどん「過去の記憶」が失われていくのだろうなという、少し寂しい思いがしました。

中国から日本に来た人たちの多くが、来日以前に抱いていた日本のイメージは、経済大国を象徴する高層ビル群や、網の目のように広がる高速道路、新幹線だったといいます。

ところが、実際に目にした日本は、むしろ懐かしい昔ながらの田舎の風景や、伝統的な暮らしが、観光のための「見せもの」ではなく、人々の暮らしの中にごく自然に共存していることへの驚きの連続だったといいます。

彼らが日本で感じ、体験した、日本の懐かしい風景への驚きが、中国人みずからの暮らしの記憶や歴史、価値観を見直す機会につながれば……と思うのですが。

中国では母国語が外国語扱い、なぜ、同じ国でも共通語が必要なのか

中国の人口の九割を占める漢民族《かんみんぞく》の言葉の一つである「普通話（プートンホワー）」と漢字は、中国の共通言語でもあります。

つまり、中国では、同じ漢民族の言葉にも各地に方言があり、それぞれの民族にはそれぞれの民族独自の言葉があります。

普段は、それぞれ自分の地域の方言、民族の言葉を使っていますが、学校では中国の共通語である「普通話」と漢字を使った、いわゆる国語で授業が行われています。

同じ国の中なのに、わざわざ「共通語である」と前置きが必要なこと自体、日本人同士に中国人ほどはっきりとした言葉の壁がない日本人には、不思議に映るかもしれません。

朝鮮族である中国人のPさんは日本に留学してきましたが、必修《ひっしゅう》科目である英語がまったくわかりません。そこでPさんは英語を担当する先生にＡＢＣから教えて欲しいと頼みました。

「中国でも、中学校から英語を習うのではないの？」とその先生がPさんに訊くと、「私は中国の吉林省にある延辺朝鮮族自治州《えんぺんちょうせんぞくじちしゅう》の出身です。そこでは、人々の会話も、学校もすべて朝鮮語です。朝鮮語が日常語の私たちにとっては、最初に学ぶ『外国語』は英語ではなく、中国の共通語である『普通話』なのです」とPさんは答えたそうです。

この話を私にしてくれた英語の先生は、「朝鮮族といっても中国人でしょう。中国人が中国の共通語を外国語として勉強するなんて、面白いですね」と、私にちょっと不思議そうに言いました。

日本の場合、それぞれのお国訛りはあっても、日本人の間でまったく日本語が通じないということはありません。

しかし、中国ではそういきません。多民族が共存する中国は、さまざまな言葉が混在する多言語国家でもあります。

まだ漢民族の方言である広東《かんとん》語や上海《しゃんはい》語、四川《しせん》語なら、発音は違っても文字は同じですが、朝鮮族が使うのは朝鮮語とハングル文字、ズワァン族はチワン語とチワン文字、チベット族ならチベット語とチベット文字、と互いにまったく通じない、文字通りの「外国語」が同じ国の中に混在《こんざい》しています。ですから共通語がないと、中国人同士といってもコミュニケーションができなくなってしまいます。

中国の漢字と日本の漢字は違う

もともと同じ漢字を使う中国と日本ですが、長い年月の間に、漢字もそれぞれに変化してきました。

中国では一九四九年の建国後、当時まだ低かった識字率《しきじりつ》を上げるために、本来の「繁体字《はんたいじ》」の画数を減らした、書きやすく覚えやすい「簡体字《かんたいじ》」の普及《ふきゅう》が始まりました。

例えば、

「繁体字」　「簡体字」

飛　↓　飞

機　↓　机

習　↓　习

藝　↓　艺

鄉　↓　乡

という具合です。

しかし、簡体字の漢字が普及しても、かつての繁体字の漢字がなくなってしまった訳ではありません。学校でも、昔の文献や古典作品を教える時には、その中の繁体字も同時に勉強させます。

ですから、中国で中学以上の教育を受けた人なら、簡体字も繁体字もわかるはずです。また、書道の世界では、繁体字の方が字としてのバランスが美しいため、今でも繁体字が主流です。

例えば、有名な「人民日報《じんみんにっぽう》」「光明日報《こうみょうにっぽう》」といった中国の新聞も、中身の記事はすべて簡体字ですが、題字《だいじ》の「報」は、いずれも簡体字の「报」ではなく、草書体で書かれた昔ながらの繁体字の「報」が使われています。

漢字は、日本には四世紀の後半ごろに伝えられたといわれています。その後、日本では漢字からカタカナやひらがなといった独自の文字が作られ、さらに「畠」「辻」「峠」「躾」「込」「畑」などの中国語にはない、日本独特の漢字も作り出されました。ですから今日、漢字といえば、繁体字、簡体字、さらに日本で生まれた独自の漢字と、けっして昔の繁体字だけではなくなりました。

また同じ漢字を使っても、日本と中国で意味が違うものがあります。例えば、

	日本語の意味	中国語の意味
老婆	ろうば	妻
丈夫	じょうぶ	夫
汽車	きしゃ	自動車
床	ゆか	ベッド
我慢	がまん	私は（行動などが）遅い

というように、異なる意味を指す文字も少なくありません。さらに日本語の中には、中

国の漢字本来の意味と正反対の意味で使われる言葉もあります。

例えば、「辞令」は、中国語では文字通り、辞退《じたい》する命令＝やめなさい！　という命令ですが、日本では他の部署《ぶしょ》、仕事への異動《いどう》の命令です。

また、「留守《るす》」は文字通り「残って守る」という意味から、中国語では「○○に残る」の意味です。ですから中国語の「留守在家」は「家に残る」あるいは「家にいる」というように、日本語の「家にいないこと」とは反対の意味を指します。

漢字を使っているから日本語は簡単だろうと思う中国人、漢字があるから英語より中国語の方がなんとなくわかりやすいと考える日本人。

しかし、実際に勉強を始めると、同じ漢字が違う意味を持ったりするので、かえって余計に混乱したりします。さらに日本人にとってわかりづらいのが、中国語の中の、漢字を使った外来語の表現です。

例えば、コカ・コーラは「可口可楽」、オリンピックは「奥林匹克」、ロマンチックは「羅曼蒂克」、ソニーは「索尼」など、漢字本来の意味を捨てて、その音だけをとった音訳のための漢字は、漢字を見ると、すぐにその文字の意味から内容を理解しようとする日本人にとって、文字通り訳のわからない文字となってしまいます。

中国語はシンプルで一字一音、日本語は複雑

中国の漢字では、一つの字に二種類、三種類の発音があるのはごくまれです。解「jie」「xie」、了「liao」「le」、会「hui」「kuai」、単「dan」「shan」「chan」など、複数の発音を持つ漢字はむしろ例外中の例外、基本的に一つの漢字には一つの発音しかありません。

これは共通語である「普通話」を、地域、民族ごとにさまざまな言語が使われてきた中国全土に普及させるのに、まず単純で、簡単であることが求められたためです。

しかし、日本語の漢字は、そのほとんどに音読みと訓読みがあり、さらに特別な読み方をするものも少なくありません。例えば、「要」は音読みでは「よう」、訓読みは「いる」、さらに「かなめ」があります。

また、「東風」は音読みで「とうふう」、訓読みなら「ひがしかぜ」、一方「こち」といった、音読みでも訓読みでもない読み方もあります。さらに「生」のように、「せい」「しょう」「いきる」「うむ」「はえる」「なま」と、一つの漢字がたくさんの音《おん》を持つものもあります。

日本語の漢字に読みが多いのは、長い歴史の中で、中国の南の呉音《ごおん》、北の漢音《かんおん》と次々に入ってきたものが、すでにあった日本語の音の上に積み重なりながら、発展してきたため

だと思います。
ですから日本語の漢字を覚えるには二、三種類、あるいはそれ以上の発音を覚えなければならないので、中国語より大変です。

中国語の語順は日本語より英語に近い

日本人は漢文を読む時に、返り点や読み順を入れて、単語の語順を日本語の語順にならべ替えて漢文を理解します。つまり、中国語は日本語と語順が異なり、英語のように述語が目的語などの前にきます。

例えば、

日本語では、　主語　目的語　述語　です。
　　　　　　　私は　小説を　読む。

中国語では、　主語　述語　目的語　です。
　　　　　　　我　看　小説。　となります。

よく日本語は、最後まで聞かないと否定か肯定かがわからないといわれますが、これは中国語や英語と違って、日本語の述語が文の最後に置かれるからです。

中国語では「主語《しゅご》」「述語《じゅつご》」「目的語《もくてきご》」「連体修飾語《れんたいしゅうしょくご》（定語《ていご》）」「連用修飾語《れんようしゅうしょくご》（状語《じょうご》）」「補《ほ》

語《ご》」が文を構成する基本的な要素《ようそ》です。

しかし、中国語には、日本語の「が、の、を、に、へ、と、より、から、で、や」といったどれが主語であるか、述語と、目的語であるかを示す格助詞のような言葉がないので、それぞれ文の中に主語、述語と、置かれる順番で文をかたち作ります。

漢字ばかり並んでいる中国語は一見難しそうに見えますが、ルールを理解すると、意外と簡単に意味を理解することができます。

「敬語」がない中国語、「敬語」だらけの日本語

尊敬語《そんけいご》、謙譲語《けんじょうご》、丁寧語《ていねいご》といった豊富な敬語表現は、他の外国語にはあまり見られない日本語独特のものです。社会の縦の関係を重視する日本人ならではのこうした表現は、人間関係の潤滑油《じゅんかつゆ》にもなっているようです。

例えば日本語では、相手によって「食べる」になったり「召し上がる」と表現したり、言葉の表現から、二人の互いの関係を推測《すいそく》することができます。

でも、中国語にはこうした敬語の表現がないので、すべてが「食べる」といった同じ表現になってしまいます。ですから中国語の場合「～ちゃん」とか「～社長」といった呼びかけの言葉以外、表現の中から、当事者の関係は見えてきません。

外国人が日本語を勉強する時、一番苦労するのがこの敬語です。逆に日本人にとっては、外国語を理解することは実はそんなに難しいことではないのかもしれません。

擬声語《ぎせいご》・擬態語《ぎたいご》がある日本語、「ゾロゾロ」のような擬態語がない中国語

もう一つ、擬声語と擬態語がとても多いのも日本語の特徴《とくちょう》です。これは日本人の抑制的《よくせいてき》な文化、自己主張を避ける傾向が、主観的に説明するのではなく、相手の解釈・想像の余地を残せる擬声語や擬態語の表現を好んだ結果ではないかと思います。

中国語にも擬声語の表現があるにはありますが、日本語と比べるとはるかに少なく、さらに擬態語《ぎたいご》はほとんどありません。

ですから日本語を中国語に訳す時、ピッタリした擬態語がないので、意味から説明するしかない場合が少なくありません。

例えば、今年の冬、日本は気候が不安定で暖かい日と寒い日が交互にやって来ましたが、日本語なら、暖かい日、寒い日を「ポカポカ」と「ぶるぶる」の二つの言葉で表現することができます。

ところが、これを中国語で表現すると、春の気持ちのよい暖かさ、震えるくらいの寒さといった具合に意味から表現しなくてはなりません。

また「シーン」と静まり返るといった表現も、中国語だと「静悄悄」とか「悄然無声」といった、意味をそのまま訳すしかありません。

さらに、アリさんが穴から「ゾロゾロ」出てきた、といった、いかにも次々と、列をなして規則正しく、かつ急ぐでもなくノンビリでもなくという膨らみのある表現も、「ゾロゾロ」に相当する言葉がないので、意味から説明する以外ありません。本当に日本語で日常的に使われる擬態語は、文字以上に広がりのある豊かな表現です。

この前大阪で、「○○はどこですか？」と訊くと、街のおばさんは道を指さしながら、「そこをな、ドーンと行って、ダーッと行ったらすぐやがな！」と教えてくれました。

私が「？」という表情を浮かべ、今度は丁寧に教えてもらえるかなと期待していると、その親切そうなおばさんは、もう一度「だからな、そこをドーンと行って、ダーッと行ったらすぐやがな！」とくり返しました。

簡潔で、使う人の人柄まで表す日本語の擬態語、中国語を母国語とする私には、少しミステリアスですがちょっと羨ましい、魅力的な言葉の世界です。

音読でうるさい中国の学校、静かな日本の学校

家族を連れて上海に赴任した日本人の友人のDさん、彼の上海の住まいは、中学校のそ

ばにありました。

そこで上海暮らしを始めたDさん一家を最初に驚かせたのは、毎朝学校から聞こえてくる生徒たちの朗読の声でした。Dさん自身、日本の学校では、声を揃えて朗読したという記憶があまりなかったので、とても新鮮に感じたそうです。

二〇年ほど前、私は中国の教育関係の視察団の通訳として、日本の学校の授業風景を、中国の関係者と視察《しさつ》してまわったことがあります。

普通の小、中、高、大学、働きながら夜勉強する定時制の学校、障害者のための養護学校、さらに長期入院中の小中学生のために、病院に先生を派遣《はけん》して行われる訪問学級と、さまざまな環境の子どもたちに、等しく教育の機会を実現しようとする日本の教育システムに、私たちは感銘《かんめい》を受けました。

しかし、小、中、高校に、中国でいう「早読（ザォドゥ：毎朝授業が始まる前に、生徒が声を揃えて教科書を音読すること）」がないことや、キャンパスを歩いていても、学生たちの朗読《ろうどく》の声が聞こえてこないことは、私たちにとって不思議な印象でした。

音読の声が聞こえてこない日本の学校の風景、それは二〇年経った今も変わっていないようです。

中国では、昔から本を読む時は「眼到（イェンダオ）、口到（コウダオ）、心到（シンダオ）」の三つが大切と教えられてきました。
つまり、本を読む時は、目を本に集中し、声に出して朗読し、心で理解しなさい、という教えです。どの一つも欠かせませんが、とりわけ美しい文章を味わうには、目で読むだけでなく、感情を込めて声に出して朗読すると、しっかり心にとめることができると教えられてきました。

中国では、今も声に出して読む習慣が大切にされています。中国の学校には、「早読」と呼ぶ、毎朝一〇分間、教科書を音読する時間があります。つまり、一日の授業は、「早読」から始まります。私の小、中、高校時代はいつもこの「早読」とともにありました。

また、「早読」は教師が行うのではなく、生徒が順番にリーダーとなって、生徒たち自身が進めていきます。

何を音読するかは、学年やクラスによってさまざまです。

例えば小学校の低学年なら中国語の発音記号、少し大きくなったら教科書の本文や算数の九九、さらに「三角形の面積は底辺かける高さ割る二」といった算数の公式などを、みんなで大きな声を揃えて音読します。

とにかく大きな音読の声がキャンパスに響き渡るのが中国の学校の朝の風景です。朝から大きな声を出すことは、一日の元気の源ですし、さまざまなタイプの文章を声に出して読むことの積み重ねが、理解力や表現力につながる、と中国の人たちは考えてきました。「語文（ユィーウェン：国語）はすべての科目の基礎。朗読は語文の基礎《きそ》」

私の小学校の国語の先生はいつもそう口にしていました。

ちなみに、一九六〇年代後半からの一〇年間、中国は政治の時代でした。教育も政治に翻弄《ほんろう》され、私の中学、高校時代の「早読」の内容は、もっぱら中国語の毛沢東《もうたくとう》の著作や、英訳された毛沢東語録になりましたが、「早読」という勉強方法は変わることなく続けられました。

この音読を大事にする伝統は、その昔、中国にあった「私塾（スースゥ）」に起源《きげん》があるといわれています。そこでは子どもたちの読み書きの手ほどきを、道徳にまつわる教えや故事を、大きな声を出して覚えさせることから始めました。

よく使われたのが、南宋《なんそう》時代に王応麟が著した『三字経（サンズージン）』です。『三字経』は『百家姓』、『千字文』とともに、中国の伝統的な手習いの教科書として有名ですが、とりわけ歴史や天文、地理、修身《しゅうしん》、倫理《りんり》、道徳、民間伝承《みんかんでんしょう》と豊富な内容を網羅《もうら》しているので、昔から「熟読三字経、可知千古事（『三字経』を熟読すれば、千年の知識が得られる）」といわれ、大切な指南書《しなんしょ》とされてきました。

子どもたちに読み書きを教えるには、まず「人之初、性本善。性相近、習相遠。苟不教、性乃遷（人は生まれた時のもともとの性質は善。しかし習う・学ぶことによって、その性質はそれぞれに違いが出てくる。もし教わらなければ、本来《ほんらい》善である性質も変わっていく）」で始まる『三字経』を、すらすらと暗誦《あんしょう》できるまで、くり返し大声で音読させます。そうして暗誦できるようになってから、先生はその意味を説明します。私はお年寄りから「声を出さない子どもは、手のひらやお尻を教鞭《きょうべん》で叩かれたものさ」とよく聞かされました。

日本でも公開された章子怡（ザンズーイー）主演の『初恋のきた道』という映画の中に、村の小学校の子どもたちが大声で教科書を朗読するシーンが何度も出てきます。

この映画を観た学生から「中国の子どもは、本当にあんな風に大声で本を読むのですか？」と訊かれたことがありますが、私自身、小学校のころから、あの映画のシーンとまったく同じように、大声で教科書を読んでいました。

また、寺院も読み書きを教える教育の場でした。新米の小僧さんは、先輩のお坊さんの後について経文《きょうもん》を唱えることから始め、やがて文字が読めるようになって、徐々に意味も理解できるようになっていきます。

北京に雍和宮《ようわきゅう》というラマ教（チベット仏教）の寺院があります。二〇年ほど前、私はこの寺院で僧侶たちの休憩時間に、一〇代の若いお坊さんたちから話を聞く機会がありました。

彼らにとって経文の勉強は、寺の掃除《そうじ》などとともに大事な仕事です。まだ文字の読めない彼らは、先輩のお坊さんの後について、ひたすらお経を声に出して唱える、それをくり返すというのが彼らの勉強法でした。

もちろん、お経の意味はわかりません。その若いお坊さんは「誰もがこの声を出して唱えることから修行を始め、やがてその内容を理解して成長していくものだ」と先輩から教えてもらったと話してくれました。

中国では毎朝の「早読」や国語の授業の中で行われる朗読のほか、クラスや学年、学校単位で、詩やいろいろなスタイルの美文を読む「朗誦会（ランソンホィ：暗記した詩や文章を人前で感情を込めて表現する大会）」が盛んに行われます。

中国では、「朗誦会」は人々に身近な存在で、社会活動としても行われます。例えば四川省の大地震の時も、有名な詩人や芸能人が出演する「朗誦会」が、大規模な募金活動として北京で行われ、大きな反響を呼びました。

「朗誦」は一人ひとりがソロで行う「個人朗誦（グーレンランソン）」、男女ペアで行う「男女朗誦（ナンニュイランソン）」、グループで行う「集体朗誦（ジーティランソン）」とそのやり方も多様です。

こうした声を出して読む朗読は、かつての私塾や寺院の伝統的な学習法だっただけでなく、今日でも学校教育の中の重要な一部となっています。

ありえないほどの大声を出す中国式学習法

十数年ほど前から、中国では「瘋狂英語（フンクワンインユィ・狂気の英語）」という英語の学習法が流行っています。

内容はそれほど奇抜なものではありませんが、とにかく広場やグラウンドに英語を勉強する人が集まって、日本人から見ればありえないほど大きな声を出して練習するのが特徴です。

つまり、口、耳、脳を、同時に最大限に働かせることがポイント。大声を出すことで、自分の耳から言葉を脳に送り込み、記憶に鮮明に刻《きざ》み込むというのがこの学習法の狙いですが、実際にこの勉強法を経験した人は、初心者でも「外国人に外国語で話しかける勇気が出るようになった」と話してくれました。

私が中国の師範学校で英語を勉強していたころも、まず声に出し、その自分の発音を録音しては、お手本との違いを徹底的にさがして修正するといった練習をくり返しさせられました。口述試験では、先生は生徒一人ひとりの二分間のスピーチを録音し、それをクラス全員に聞かせて、一人ひとりのよい所、問題点を指摘していきます。

つまり、発音の細かい問題点を見つけるためにも、大きな声を出すことが求められました。やはり口に出しては、それを耳から確認するという訓練は語学の基本です。

ですから、学習が進み、難しい単語や文法を学んで、長文の読解をするようになっても、基本的なトレーニングとして音読は続けられるのです。

こうした中国の学習文化ともいうべき大声を出す学習法ですが、「早読」の時間は高校までしかありません。

大学のカリキュラムに「早読」はありませんが、小学校から高校まで「早読」の習慣《しゅうかん》を身につけた大学生たちが、広いキャンパスの至る所、花壇《かだん》のそばや並木道、池の畔で、それぞれに「早読」している姿は、中国の大学に欠かせない朝の風景です。

毎朝たったの一〇分間の「早読」ですが、小、中学校で九年、高校までで一二年。さらに大学でもと考えれば、この膨大な一〇分間の積み重ねが、国語力だけでなく、どれだけ人間的な成長に実りをもたらし、大きな潜在的《せんざいてき》な能力を引き出すかは、想像に難くありません。

ところが日本人の学生に「声を出して読んでください」と言っても、なかなか声に出してはくれません。

しばしば「日本人は人前で声を出すのが苦手です。できません」といった反応が学生たちから返ってきます。

でも、日本のお祭りには威勢のよいかけ声が欠かせませんし、お寿司屋さんだけでなく、アルバイト先として人気のあるファストフードのお店に行っても、店に響き渡るくらいの大きな声で挨拶が返ってきます。

スタジアムを揺るがすスポーツの声援の大きさも、他の国に負けないと思います。また、カラオケ好きな日本人が人前で歌う勇気、迫力、感情の表現力は、中国人もかないません。この資質《ししつ》を学習に生かせないのはもったいない気がします。

日本の学校を訪れた中国の教育者が不思議に感じるもう一つの点は、教育や国文学、国語学を専攻《せんこう》する学生を別にすれば、日本の大学の必修科目に国語がないことです。

国語は学習の基礎ですから、大学でも継続的《けいぞくてき》に学ぶことが欠かせないと思います。実際に私が大学で学生にテーマを与えて文章を書かせようとしても、困った表情で「えー！書けない」と言われてしまうことが少なくありません。

自由に書いてくださいと言うと、書いてくるのはほとんどが数行の感想です。中には優秀なレポートもありますが、全体として見ると、やはり日本の学生は文章を書くのが苦手のようです。

中国の大学では「中文系（ズォンウェンシー：中国語学部）」以外の学生も「大学語文（ダーシュエユィーウェン：大学生向きの国語）」は必修の科目です。高校までの国語は、発音記号、識字《しきじ》、語彙《ごい》、文法、修辞《しゅうじ》、作文、詩、文章のスタイルなどを学びますが、大学の国語では、文学の理解、鑑賞、そしてさまざまなスタイルの文章の表現力をさらに磨《みが》くことが中心となります。

私の大学時代、国語の授業は人気がありました。いろいろなスタイルの文章を書くこと自体、自己表現のまたとない機会ですし、みんなそれを楽しんでいた思い出があります。

私は中国で中学、大学の教師の経験がありますが、学生も概してものを書くことを苦痛にしていなかったと思います。

今でも中国の大学の特別講義で接する中国の学生を見ていると、大学までの一貫した国語教育、ものを書かせることへの日常的な取り組みの結果、中国の学生の表現力、文章のスタイルの幅は、日本の学生より広いように思います。

アルバイトもしない中国人学生、よく働く日本人学生

中国建国からまだ間もない一九五〇年代、当時中国の指導者だった毛沢東は、都会と農村、工場労働者と農民、そして頭脳労働者と肉体労働者との間の、三つの大きな格差を解

消しよう、教育を受けた学生は農村へ行くべきだ！と若者たちに訴え、これに賛同した学生たちがみずから農村へ入っていきました。

さらに、一九六〇年代の後半に文化大革命が始まると、「学生は学校の勉強だけではいけない。農村に行って、農民から再教育を受ける必要がある」というキャンペーンがくり広げられ、毛沢東は再度、学生たちに農村へ行くよう呼びかけました。

これに応じた「知識青年」と呼ばれる、当時の中学校や高校を卒業した都会の若者たちが、農村の人たちと一緒に農業に従事《じゅうじ》し、ともに暮らすために、中国全土の農村へ向かう大移動が一大ブームとなりました。

その結果、一九五〇年代の半ばから一九七〇年代の後半までの二十数年の間に、農村に行った中国の若者は二〇〇〇万人にも上ったといわれています。

それから数十年、「知識青年」という言葉自体、次第《しだい》に世の中から忘れ去られていきましたが、近年、当時を懐《なつ》かしんだり、再評価する人たちが増えてきました。

かつての「知識青年」の中から、当時、農村で食べた素朴《そぼく》な料理をメニューに並べたレストランを始める人が出てきたり、「知識青年」同士の同窓会《どうそうかい》やサロン、ネットワークを復活させようという活動が、中国各地で静かに広がっています。

彼らの中には、かつて自分たちが暮らした農村を再訪し、当時世話になった農村の人たちとの旧交を温めるだけでなく、みずからが発展著しい都市と農村をつなぐ架け橋になろうと、現地の暮らしを少しでも改善《かいぜん》するための情報の提供《ていきょう》や、現地の子どもたちの教育のための資金提供など、支援《しえん》に取り組む人たちも少なくありません。

これまで長い間、勉学、進学の途《みち》が閉ざされた「知識青年」の農村行きは、本人にとって不幸なこと、もったいないこと、時代の犠牲者《ぎせいしゃ》を生んだ悲劇といったマイナスの評価ばかりでした。

しかし、ここにきて、教育の専門家、あるいはかつての「知識青年」自身から、従来と違った評価が起こり始めています。

私も仕事を通じて、当時農村で青春を過ごした「知識青年」と接触《せっしょく》したり、また私自身の周囲にいる大勢の「知識青年」と話す機会がありますが、思いのほか、みずからの「農村時代」をプラスに評価する声を耳にします。

数十年を経てすでに若者の親の世代になった彼らは、「当時は農村での仕事や暮らしが本当につらく、悩みもあったけれど、その中から得た経験、精神は、その後の人生の中で本当に貴重な財産となりました」、「あの当時、私たちには農村で苦労を重ねた『修業』以外、何もなかったが、今の若者にはなんでもある。ただ苦労する『修業』だけはないけれど」と、むしろ懐かしさを込めて、あるいは今の若者と自分たちを重ね合わせながら、当時の仲間たちと語り合っているといいます。

また、当時は、まだ学校に通っている中学生や高校生にも、年に一週間の農村での労働体験と、年に一週間の工場の労働体験が義務《ぎむ》づけられていました。

私には「知識青年」として農村へ行った経験はありませんが、やはりこうした制度を通じて体験した農村での暮らしや労働が、その後の人生の貴重な体験となっている気がします。

しかし、一九七七年にそれまで一〇年間停止されていた大学入試制度が復活すると、次第に学業そのものが重視されるようになり、中学や高校で行われていた農村や工場での労働体験の制度もやがて消滅《しょうめつ》していきました。

その結果、中国の学校教育は本からの勉強ばかりになり、実社会の中での「修業」の機会はさっぱりなくなってしまいました。

もちろん、日本の学校も勉強中心であるのは同じですが、中国と大きく違うのは、多くの学生がアルバイトを経験し、それが社会の仕組みの一部にもなっていることです。

学生にとって、アルバイトはお金を稼ぐための手段ですが、同時に人間の成長に不可欠な「修業」の場にもなっています。どんなに疲れてつらくても約束通りに仕事に行く。職場の人間関係の中で協調《きょうちょう》する。接客であれば、さまざまなお客さんと接触し、コミュニケーションに努力する。アルバイトは社会を学ぶ貴重な体験の場です。

今日、学校は親や生徒に遠慮《えんりょ》し、親は子どもに遠慮する。学校も親も、子どもたちに対して、なかなか言うべきことも言えない不思議な時代ですが、アルバイト先では、先輩や店長から、叱られたり、どなられたりしながら、若者たちは社会で生きていくためのルールや忍耐《にんたい》、努力を体験として学んでいきます。

ある日、授業の後の教室での雑談の中で、私は学生たちに「あなたたちは、平気で遅刻したり、授業中に友達と話したり、携帯でメールしたりしてるけど、アルバイト先でも、そんなことやっているの？」とたずねました。

「そんなことしません」という学生たちに、私が「なぜ？」と訊くと、「そうしないと怒られる」、「お金がもらえないから」、「解雇されちゃう」と口々に答えが返ってきました。

私はそれを聞いて、日本にはまだ、学生に社会の厳しさ、仕事の厳しさ、社会人としてのマナーを厳しく教える場所がある。アルバイトは若者にとって欠かせない教育の場となっていて、結果的に社会が教育に関わり、教育の責任を担《にな》っていることを実感しました。

しかし、中国では、かつての国営、社会主義経済の時代には学生のアルバイトは存在しませんでしたし、民営企業が増えた今でも働き手の確保《かくほ》に不自由しない中国では、どうしてもフルタイムの労働力が好まれ、なかなか学生がアルバイトする機会は増えません。その結果、今の中国の若者は日本の若者以上に、社会で学ぶ、「修業」する機会がないのです。

Zさんは中国からの留学生で、一人っ子です。Zさんは日本に来てから、他の日本の学生と同じように、大学に通いながら飲食店でアルバイトを始めました。

「僕は一生懸命にやっているのに『仕事が遅い』とか『気がつかない』とか、毎日毎日怒鳴られてばかりいて、まるで怒られるために店に通っているようです」

アルバイトを始めて二ヶ月ほど経ったある日、Zさんは私にその疲労感やストレスを訴えました。しかし、Zさんがそのアルバイトを頑張って続けて一年ほど経つうちに、最初はつらそうだった表情が少しずつ変化していきました。

「アルバイトに通うことがあまり精神的な負担ではなくなった」と言うようになったZさんが、冬休みで中国へ帰っていきました。

冬休みを終えて日本に戻ってきたZさんは、「僕が家事をする姿を見て、親がびっくりしていました」と私に言いました。それまでなんでも親まかせだったZさんが変わったことを、何よりZさんのご両親が喜んだというのです。

Zさんのような、日本に来るまで、社会で生きるための「修業」をしたことがない中国からの留学生にとっても、アルバイトは「怒られる」、「叱られる」、「怒鳴られる」という体験を通じて、中国の社会や、学校、家庭が果たせなかった、教育の貴重な「場」になっているようです。

「僕の両親は、かつて『知識青年』として、農村で働き、さまざまな体験から『修業』を積んだのだと思います。

今、僕は日本へやって来て、これまで経験しなかったいろんな体験、『修業』をしています。場所や内容は違うけれど、苦しい『修業』という意味では同じだと思います。この人生の必修科目を体験して、精神的に少しだけ成長した気がします。こんな機会を提供してくれた日本に感謝したいと思うし、自分の両親がなぜ自分たちの農村での体験、暮らしを懐かしみ、大切に思っているのかが、やっと少しわかったような気がします」

Zさんは一年前とはちょっと違う、少し大人びた顔つきで、私に話してくれました。

中国にも外国から大勢の留学生がやって来ます。日本の文部科学省にあたる教育部の統計では、二〇一六年、外国からの留学生の数が四四万人を突破《とっぱ》したそうです。

中でも、日本と韓国からは大勢の留学生が中国に来ています。日本や韓国からの留学生と接する機会が多い中国の大学の先生は、「日本人の学生や韓国人の学生に、中国の学生にはない精神的な強さ、忍耐力を感じることがあります」と言います。

日本や韓国からの留学生と接するうちに、日本人の学生はアルバイトの体験を通じて社会で生きる厳しさを学び、韓国人の学生は、厳しい兵役を通じて社会で生きていくための必要な体験を積んでいる、といった認識が、中国の大学の先生たちの間に広がっています。

しかし、アルバイトの機会も、兵役の義務もない今の中国の若者たちには、そうした社会を学ぶ機会がありません。中国でも社会で生きることを学ぶなんらかの機会、「修業」の場を作っていかなければならないのではないか。そうした声が、危機感を持った教育関係者の間で高まっています。

急速な発展の裏側で、極端《きょくたん》に苦労の経験を持たない、社会体験の少ない次世代を担う若者をどう育てるか。そこには、都市で育った一人っ子世代と向き合う、中国特有の課題が横たわっています。

第四章　人生観・死生観の問題

日本はゆるいお坊さん、中国は戒律《かいりつ》が厳《きび》しい出家人

その昔、中国から仏教を受け入れた日本。同じ仏教文化を共有《きょうゆう》する中国と日本にとって、お寺やお坊さんは共におなじみの風景です。しかし、一見同じ姿かたちのお坊さんも、中国と日本ではずいぶん違いがあるようです。

ある日、日本人の学生の一人が、普段ヒアリングの練習で使っているという中国の歌のテープを持ってきました。彼は「女人是老虎（ニューレンスーラオフー：女の人は虎だ）」という曲名を指さして、「これはどういう内容の歌ですか？」と私にたずねました。その歌詞を説明すると、彼からさらにさまざまな質問が返ってきました。

女人是老虎

一　小和尚下山去化斋
　　老和尚又交待
　　山下的女人是老虎
　　遇見了千万要躲開

二　走過了一村又一寨

小和尚暗自揣
為什麼老虎不吃人
模様還挺可愛
三　老和尚悄声逗徒弟
这様的老虎最歴害
小和尚吓得赶緊跑
師付呀怪怪
老虎己闯進我的心里来

女の人は虎だ

一　山の麓《ふもと》に住む女の人は、みんな虎だよ。出会ったらサッと逃げなさい。托鉢のために山から里へ下りる小僧さんに、年配の和尚さんはいつも注意していました。

二　虎だというけれど人を食べたりはしないよ。それになぜあんなに可愛いの？　村々をめぐり歩いてきた若い小僧さんは、和尚さんの注意に疑問を持つようになりました。

三　可愛い虎が一番怖い虎なのだよ。和尚は小僧の耳もとで囁《ささや》きました。

怖くなった小僧は、走って逃げ出しました。

「どうしよう、どうしよう、和尚さま。不思議だよ、怖い虎が私の心の中に飛び込んできた！」

これは中国ではよく知られている、天真爛漫《てんしんらんまん》な若い小僧さんと、「女の人に近づいてはいけない」と一生懸命《いっしょうけんめい》説教する老和尚との、ちょっとユーモラスな歌です。思わず笑ってしまう歌詞ですが、「中国のお坊さんって、日本のお坊さんと違う？」という疑問から、学生との会話が始まりました。

お坊さんや尼さんのことを、中国では「出家人（ツゥジャーレン）」といいます。出家人には剃髪《ていはつ》などさまざまな戒律がありますが、とりわけ俗世間から離れて異性との関係を絶つこと、そして質素《しっそ》な「斎食（ザイスゥ：野菜しか食べないこと。『素食（スゥスゥ）』ともいう）」をしなければならないという二つの戒律は、中国の人々にとって「出家」の基本的な意味とされています。

もちろん、出家をするしないは本人の自由、また俗世間に戻ってくる「還俗（ホァンスゥ）」も本人の自由です。

でも、出家している間は異性に触れてはならない。異性と付き合いたければ、還俗《げんぞく》しなければなりません。つまり出家しているのに異性と関係を持つことは、仏に対する冒瀆《ぼうとく》とみなされて、寺から破門《はもん》され、世間からも軽蔑《けいべつ》される振《ふ》る舞《ま》いとなります。

これは僧侶はもちろん、将来お坊さんになるお寺の小僧さんや、僧侶を養成する「仏学校（フォーシュエシャオ）」で修行中の若者も例外ではありません。

また出家した人は「斎食」を守らなければなりません。お坊さんの「六根清浄《ろっこんしょうじょう》」の中の六根とは、欲望や煩悩《ぼんのう》を引き起こす目、耳、鼻、舌、身、意の感覚器官のこと。清浄は欲望や煩悩から遠ざかり、清らかで汚れのない状況のことを指します。

お坊さんが「斎食」を守らなければならない理由は、食欲を刺激《しげき》する味や刺激のある香りから離れるためです。ですから香りの高い野菜も禁じられます。

仏教に「五葷（ウーホェン）」という言葉がありますが、これは大蒜（ニンニク）、小蒜（ノビル）、ラッキョウ、葱（ネギ）、韮（ニラ）のことです。出家した人は、こうした香りの高い野菜も避けなければなりません。

私の祖母は尼さんではありませんが、信心深い仏教徒でした。ですから祖母は生涯「斎食」を守り、肉も食べる私たちの食事を用意する時は、けっして鍋や食器を一緒にしませんでした。そして肉類だけでなく、「五葷」も口にしませんでした。

中国の仏教のお寺は、街から離れた山の中にあります。昔からお坊さんや尼さんは山の中で修行しながら、野菜や芋、薬草やお茶等を作って自給自足《じきゅうじそく》の生活をしてきました。野菜しか食べられないお坊さんにとって、一番のご馳走は豆腐です。豆腐というと、日本では、絹、もめん、ごま豆腐あるいは卵豆腐と、やわらかい食べもののイメージがあります。

しかし、中国では保存をよくするために、油で揚げた厚揚げの他にも、水分を除いて薄くのばし、くるくると棒状《ぼうじょう》に巻いた棒豆腐や、のばした豆腐を細長く切った細切り豆腐、さらに豆腐の燻製《くんせい》や、発酵《はっこう》させたものなど、日本の豆腐に比べると驚くほどかたい「豆腐干（トウフーガン）」と呼ばれるかたい豆腐がたくさんあります。

むしろそうした「豆腐干」の方がやわらかい豆腐より種類が多く、お坊さんだけでなく、一般の人にも親しまれています。

三〇年前、私は五百羅漢《ごひゃくらかん》で有名な武漢《ぶかん》の亀元寺（グイユァンシ）に行きました。その寺の近くには「斎菜館（ザァイツァイグァン）」という精進料理《しょうじんりょうり》で有名な店があります。

メニューには豚肉の醤油煮や肉団子、鶏のスープといった料理名が並び、出てくる料理も、一見したところ普通のお肉を使った料理と少しも変わりません。

どの料理もとても出家した人が食べられるものには見えませんが、すべて豆腐や野菜、山菜や芋類で作られた、出家した人でも食べることができる料理です。

今は健康志向から精進料理に人気があるので、それを狙《ねら》った中華の精進料理のお店があちこちに出店していますが、当時の「斎菜館」は本当に素朴で、大らか、しかも値段も安くて、いかにも出家した人たちのための料理という印象のお店でした。

生涯お寺で「香燭（シャンズウ：お線香と蠟燭《ろうそく》）」、経文《きょうもん》そして鐘、木魚《もくぎょ》とともに、「六根清浄」を実践する出家人は、苦しい修行に耐《た》える忍耐の人、字が読める学者、書に長けた教養人として、昔から人々の尊敬《そんけい》を集めてきました。

人々の悩みを聞き、病の人には薬草を調合したり、飢えた人にはお粥を分け与える。そうした出家人は、人々から大事にされてきましたし、俗世間から距離を置きながらも、お寺、お坊さんと世間の間には、お互いに助け合うという関係がずっと続いてきました。

中国では一九六六年から一九六八年の三年間、文化大革命という、宗教を否定し伝統的《でんとうてき》な文化を破壊する、暴力《ぼうりょく》に満ちた異常な時代がありましたが、それは一般的な中国人の姿、考え方ではありません。

日本でお葬式といえばお坊さん、中国ではお坊さんは死と無縁

日本ではお坊さんといえば、お葬式《そうしき》、法事《ほうじ》に欠かせない存在です。しかし同じ仏教徒で

も、中国では人が亡くなった時にお坊さんを呼んで、お経をあげてもらうという習慣《しゅうかん》はありません。

日本でいう法事、○周忌の時も、故人《こじん》を偲《しの》んで親族や知人が集まって食事をする習慣はありますが、お坊さんを呼んでお経をあげてもらうことはありません。ですから、中国のお坊さんはお葬式、俗世間の人の死とはほとんど無縁です。

日本では、お寺とお墓はほとんどセットのようですが、中国のお寺には普通の人の墓地はありません。河南省にある有名な少林寺の中には、「塔林（ターリン）」と呼ばれる墓所がありますが、それは僧侶の墓地で、俗世間の人の墓地ではありません。生きている時も、死んだ後も、出家人と一般の俗世間の人々とは住む世界が違うのです。

こうした話をすると、日本人は中国の仏教の戒律の厳しさに驚《おどろ》きますが、中国人も、日本の仏教、お坊さんに違和感を感じます。

かつて奈良《なら》にやってきた中国からの訪日団と、奈良の仏教関係者が会食した時のことです。袈裟《けさ》に身を包んだお坊さんが、同席した自分の奥さんを訪日団の中国人に紹介しました。

私がそのまま通訳《つうやく》すると、中国人の出席者が、一様に何か自分が聞き間違いをしたような、怪訝《けげん》な表情を浮かべました。さらにお坊さんたちが肉も食べれば、お酒も飲む様子を見てびっくり！

私が初めて日本に留学《りゅうがく》した時、袈裟をまとったお坊さんが颯爽《さっそう》とバイクにまたがって疾走する姿を見て、いつも草履《ぞうり》か布靴を履いてスタスタ歩いている中国のお坊さんと、どうしてもイメージを重ね合わせることができなかったように、彼らもまた日本のお坊さんの話に驚きの連続だったようです。

会食の後、私は日本のお坊さんは大きな寺に住み、税金も免除《めんじょ》され、しかも寺は世襲《せしゅう》で子どもに受け継がれたり、お葬式の時のお布施も、お坊さんの位によって金額が違うということを説明しました。

「中国で出家した人というと、忍耐刻苦《にんたいこっく》して修行に励む人というイメージですが、日本のお坊さんは一つの職業と考えた方が理解しやすいですよ」と伝えると、「日本のお坊さんは幸せですね」と彼らは少し複雑な表情を浮かべました。

中国からの訪日団を迎えると、京都や奈良のお寺に案内する機会が多くなります。そんな時、中国人からいろいろな質問が出てきます。

「日本のお坊さんの世界と俗世間の違いはなんですか？」

「普通の人と同じ暮らしをするお坊さんは、悩みも普通の人と同じですか？」

「俗世間を捨てていないお坊さんも悟りは開けるのですか？　どうやって人々の相談に乗

るのですか？」

「お坊さんは悩みを誰と相談するのですか？」

とても私には答えられない質問ばかりです。

先日、テレビをつけると、仕事を終えたお坊さんが袈裟を背広《せびろ》に着替え、仕事を探しにハローワークに向かうドキュメンタリーに、偶然《ぐうぜん》目がとまりました。そのハローワークに急ぐ背広姿のお坊さんの後ろ姿に、ふと、中国の人々が寄せた、さまざまな質問の答えが重なって見えたような気もしたのですが。

中国人は一〇キロ離れた墓も怖い

中国の「殯儀館（ビンイーグァン）」は、日本の斎場と葬儀場、それに墓地が一緒になった葬儀のための施設《しせつ》です。私の知り合いのBさんは、中国の某市のある殯儀館の責任者をしています。

久しぶりに会ったBさんは私と雑談するうちに、「その時がくれば、誰もがここを頼りにするのに、こちらから相談に行くと、殯儀館なんて縁起《えんぎ》でもないと嫌な顔をされてしまいます」と苦笑しながら、彼が体験したある出来事を話し始めました。

Bさんの街でも、急速な発展にともなう市街地の拡張が行われ、殯儀館を街から遠く離れた山の方へ移転することになりました。移転先は荒れ地で緑の少ない場所だったので、Bさんたちはそこに植樹《しょくじゅ》し、公園のような墓地を作る計画をしました。

ところがその計画が発表されると、予定地から一〇キロも離れた地区の住民たちが、「殯儀館をこちらに持ってくるなんてとんでもない！　移転は大反対だ！」と殯儀館に抗議してきました。

理由は簡単、「不吉利（ブージーリ：不吉だ！　縁起でもない！）」と言うのです。住民たちと何度も話し合いを重ねましたが、一向に理解が得られません。

進展《しんてん》しない話し合いに業を煮やした一人の若い職員が突然、「殯儀館や墓地がそんな不吉で嫌な所ならば、金輪際《こんりんざい》ここには来ないで、来生の棲みかを求めに来ないでください！」と大声を出しました。

このひとことで住民たちは一瞬にして静かになり、強硬《きょうこう》な反対をやめてしまった。Bさんの話はこんな内容でした。

中国では住宅が商品として登場する一九九〇年代ごろまで、住宅は職場を通じてタダ同然の安い家賃《やちん》で提供《ていきょう》されましたし、個人が自家用車を持つようなこともありませんでした。またお墓も安い値段で手に入れることができ、街を離れた場所なら、勝手にお墓を作る人も少なくありませんでした。もちろん今はお墓を作る規制《きせい》が厳しくなり、墓地の値段もかつての一〇〇倍はするようになっています。

ですから生活がだんだん豊かになってきた一方で、住宅ローンの返済《へんさい》のために働いている奴隷《どれい》のような「房奴（ファンヌ）」や、急激《きゅうげき》に増えてきた自家用車のローンに縛られている「車奴（ツーヌ）」、さらに高騰《こうとう》した墓地を買うためのローンの返済に追われる「墓奴（ムーヌ）」が現れ、この「房奴」「車奴」「墓奴」を一身に背負った「三奴（サンヌ）」と呼ばれる、借金返済の奴隷となってしまった人たちが急激に増えているといった話が、中国人の間では自嘲気味《じちょうぎみ》に交わされています。

中国人には、死ねば「入土為安（ルートゥウェイアン：土に入ると安心できる。ちゃんとお墓に入らないと安心できない）」という昔からの考え方が、深く染み込んでいます。

歴史上の皇帝《こうてい》から現代の庶民《しょみん》まで、「葬身之地」が気がかりなのは今も昔も変わりません。「死無葬身之地（スーウーザンシェンズーディ：死んでも埋葬《まいそう》する場所がないぞ！）」というのは、今でも通用するケンカの時の捨て台詞です。

ですから若い殯儀館の職員が口にした「来生の棲みかを求めに来ないでください！」というひとことは、抗議に来た住民たちを黙らせる十分な効果があったのです。

中国では生きている間は「人間」、死んだら「鬼」

中国では、旧暦の七月一四日に、紙で作った小さな着物や履物を屋外で燃やして、あの世の家族に「寒衣（ハンイー：冬を迎えるための衣類）」を届ける風習《ふうしゅう》がありますが、この日のことを中国人は「鬼節（グイジェ：死者の日）」と呼びます。

また、「死鬼（スーグイ：このバカ、このアホウ）」という言葉からもわかるように、中国には生きている間は「人」、死んだら忌《い》み嫌われる「鬼」になる、という独特《どくとく》の死生観《しせいかん》があります。なかなか言うことを聞かない子どもに「（死んだ）おばあちゃんが、今晩アンタの所に来るよ！　おばあちゃんが、連れて行くよ！」と言って脅すと、子どもはおとなしくなります。生前は優しかったおばあちゃんも、死ぬと怖い鬼になるのです。

私は五歳の時、下放された両親と一緒に、農村で一年間暮らしたことがあります。私はその農村で、現地の大人たちから死んで鬼になった怖い話をたくさん聞かされました。子どもたちは大人から、生と死、人と鬼という二つのまったく違う世界の話を聞かされ、知らず知らずのうちに死は怖いもの、死んだら怖い鬼になる、というイメージを植えつけられていきます。

もちろん、亡くなった人への懐かしさや、思いで、恋しい気持ちはあるのですが、なぜか子どもを叱る時には、死んだ人は怖い鬼になって子どもを脅《おど》すのです。

中でも清代初期《しんだいしょき》の文人、蒲松齢《ほしょうれい》（一六四〇～一七一五）が書いた『聊斎志異《りょうさいしい》』という怪《かい》談《だん》集の話はよく登場します。

人間世界の裏側にいる狐や鬼、神仙《しんせん》、妖怪《ようかい》などいわゆる「妖魔鬼怪《ようまきかい》」がいっぱい登場する恐ろしい物語なのですが、これも子どもをおとなしくさせるために、年寄りが子どもによくする話です。

家に仏壇を置く日本人、まったく理解できない中国人

この世とあの世の間に、不吉な大きな境目をイメージする中国人は、自分の近くに死の世界があることにとても抵抗があります。

例えば故人を偲んで生前の写真を飾ることはあっても、中国人の家の中に仏壇《ぶつだん》はありません。ですから、日本に来て日本人の家に仏壇を見つけた中国の人たちは、多かれ少なかれ、心理的に緊張した経験があるはずです。

「あの世を象徴《しょうちょう》する仏壇が、普通に生活する同じ屋根の下にあるなんて信じられない！」。

それは中国の人たちには驚き以外の何ものでもありません。

日本ではマンション住まいの家の中にさえ仏壇が置かれています。むしろ毎朝仏壇の前で手を合わせ、故人と交流することは、日本人の生活の一部にさえなっているようです。

私が長年お付き合いさせていただいている日本人のSさんは、毎朝仏壇にお線香《せんこう》をあげ

て、食事の時は、まず仏壇におそなえしてからお箸を手にします。

そして私が持っていったお土産も、真っ先に仏壇におそなえします。寝る時も、仏壇の前に座り、まずその一日のできごとを故人にお話ししてから床に入ります。家族に先立たれたSさんは「私は一人だけれど、こうして毎日仏壇の前に座ってお話ししているから寂しくない」と私に言いました。

近しい人が亡くなっても、生前と同じように一緒に暮らしているという気持ちを持ち続ける。生前と変わらず話をし、気持ちは通じていると実感する。これは中国人とは異なる日本人独特の死生観です。

頑張った子どもを褒《ほ》めるのに「(亡くなった)おじいちゃん、おばあちゃんも、きっと喜んで、あの辺で笑って○○ちゃんを見ているよ」という、日本人の間でよくある会話も、中国人にはとても不思議なものに感じられます。

中国人から見ると、家の中には仏壇がある。住宅地のわきに墓地がある。街かどにはあちこちお地蔵《じぞう》さんが祀《まつ》られている。この世のものと、この世のものではないものが、一緒に混在している不思議な風景が、日本では当たり前になっているのです。

「日本に来る前は、墓地のそばに住むなんて夢にも思わなかった。でも今は平気」と留学生のWさんは私に言いました。

彼女が留学二年目のお正月に初めて中国に帰った時、自分の住んでいるアパートがお墓のそばにあることを、つい家族に話してしまったら、家中の全員がびっくりして「すぐ引っ越ししなさい！」と何度も何度も強く言われたそうです。

理由はただ「不吉利！」。日本の習慣《しゅうかん》をいくら説明しても、中国の祖父母や両親の顔はただただ曇ったままだったそうです。

日本人の死者との関係、文化を多少なりとも理解してきたWさんですが、「日常生活の中で、あの世の人と共存《きょうぞん》できるのに、一方で亡くなった人の霊《れい》を『怖い』というのはなぜでしょう？」と、日本人の考え方に矛盾《むじゅん》も感じるそうです。

日本では、「雪女」や「寂しい木立のかたわらに現れる、顔中が血だらけの女」、学校では「トイレの花子さん」、そして「夜トンネルを通ると、どこからか女性のすすり泣きが聞こえてくる」、夏ともなれば、そんな怖い話がテレビでもすっかり定番です。でも怖い怖いと言いながら、こうした話を日本人はけっして嫌いではないようです。

ある夜、私は仕事を終えて、ある新聞社の車で奈良《なら》から大阪《おおさか》に送ってもらいました。山道に入った時、運転していた新聞社のTさんは「このあたりを夜運転する時は、バックミラーを見ない方がいいですよ。白い女が映ることがあるから」と真顔で私に言いました。

もともと、何か出てきそうな夜が苦手な私は、Tさんの言葉で一瞬体が固まってしまいました。また、ある知り合いの日本人の女性は、「家の中で、時々変な音がするので、お祓《はら》いをしてもらいました。そうしたらやっと安心できた」と私に言いました。「お祓い」と聞いて、最初は少し驚きましたが、特にオカルト好きでなくても、お正月には神社へ行って邪気を祓ってもらったり、仕事を始める時や、家を建てる時には、神主《かんぬし》さんにお祓いをしてもらったりする日本人にとっては、別に珍しいことではないのかな、という気もしてきました。

あの世を遠い世界に切り離そうとする中国人。そしてあの世とこの世の間の、混然《こんぜん》とした世界に生きる日本人。中国人には、やはり日本人は不思議の国の住人と映るのです。

自立しようとする日本の若者、働かない中国の若者

私が大学で教えている日本人の学生のA君は、レポートの中でこんなことを書いていました。

「実は僕は大学に行きたくなかった。それは高校を卒業したら、すぐに働いて早く自分の家庭を持ちたかったからだ。高校の卒業前、このことを父に言うと父は僕にこう言った。『高卒では家族を十分に養えるほど給料はもらえないぞ。本当に自分の家庭、家族を思うなら大学へ行きなさい』。父が言うことは正しいかもしれない。僕は、将来自分の家庭を

持つために、家族を幸せにするために大学へ進学することにした」

自分自身を振り返ると、私が大学へ進学したころ、そんなはっきりした進学の動機《どうき》や将来の目標を持っていた記憶がありません。当時はただただ大学へ行きたい、もっと勉強したい、知らない世界を知りたい、そんな漠然とした希望を抱いていただけだったような気がします。

高校生が自分の家庭を持ちたいという具体的な目標を持ち、将来の家族への責任から進学を決めたというA君のレポートに、私はちょっと尊敬の念を抱いてしまいました。

卒業を数ヶ月後に控えたある日、大学で出会ったA君は、私に「先生、就職の内定をもらいました！」と嬉しそうに話しかけてきました。A君のレポートがずっと頭に残っていた私が「家族のために頑張ってね」と言うと、「頑張ります！」と力強い声が返ってきました。

進学も就職も幸せな家庭を築くためというA君の夢は、若者としてはささやかか過ぎるかもしれません。でもその夢に一途でひたむきなA君を見て、ちょっと誇らしい気分にすらなってしまいました。

ここ数年、私が教える日本人の学生からも、毎年中国へ留学する学生が出てくるようになりました。

日本と中国の間には、近代史の中に不幸な歴史があったこともあり、中国に初めて行く学生は、誰しも不安や心配を持つようです。

そんな中国への留学から帰ってきた学生の一人、B君が私の所にやってきました。

「留学前はいろんな心配や不安がありましたが、今思うと行ってよかった。行かなければきっと後悔したと思います。留学したおかげで、僕の中のいろんな可能性が見えてきたような気がしています。目標も具体的になりました。何より自信を持つようになりました！」

B君は学校が終わると、毎日アルバイトに行っているそうです。「バイトでお金を貯めて、もう一度中国へ留学します。もっと言葉が上手になりたい。もっと中国の人、中国の社会に触れたいと思う」

B君は自分の将来の計画を生き生きと語ってくれました。

A君は将来の自分の家庭を築くために働こうと考え、B君は夢を実現するための再留学のためにアルバイトを頑張る。自分で汗を流し、自分の手でお金を稼いで目標を一歩一歩実現する。二人の夢は違いますが、未来と向き合う姿勢には通じるものがあります。

先日、就活を乗り越え、入社式を迎えた社会人一年生のインタビューが、テレビで放送されていましたが、彼らの受け答えの中にもA君やB君と共通するものを感じました。

いつの時代も「今時の若者は」という批判がなくなることはありませんが、働くことへの真摯《しんし》な態度、勤勉《きんべん》、真面目さは、今の若者にもちゃんと受け継がれています。

私にはそんな頼もしい日本の若者の顔が次々と目に浮かんできます。

二十数年前、アメリカに移住したかつての中国の職場の同僚《どうりょう》夫妻がいます。彼らによると、「いまだに家に帰れば１００％中国文化、外に出れば１００％アメリカ文化」の毎日だそうです。アメリカ生まれの一人娘は、こうしたアメリカと中国、二つの文化の間で成長してきました。

小さい時から自立を重んじる周囲のアメリカ人家庭を見て育った娘は、庭掃除でもベビーシッターでも、働けばお小遣いをもらえることを覚え、小さいころから近所の赤ちゃんの面倒を見たり、高校、大学に進むとアルバイトに精を出してお小遣いを稼ぐようになりました。

でも、稼いだお金はすべて自分のお小遣い。学費や生活費はすべて親が面倒《めんどう》を見るもの、という中国的な一面もしっかり持って育ちました。

ですから家に帰れば、自立自尊のアメリカ人から中国的な過保護環境へさっと切り替え、「自分の部屋の掃除はもちろん、自分の洗濯もの、炊事、家事はすべて親任せ、そしてお小遣いが足りなくなれば、親にちゃっかりお小遣いをねだるのよ」。私はその同僚からしばしばそんなグチを聞かされていました。

同僚夫婦もそうした子育てがよくないとは思いながら、そこはやはり中国人。アメリカに長年暮らしていても、家庭の中では、ついつい過保護で甘い親に戻ってしまう、何より親たち自身がそう感じているのです。娘さんもこれに慣れているので、家のうちと外では完全にダブルスタンダード、なんの矛盾もなく二つの文化の間で、結構都合よく暮らしているというのが両親の心配であり、悩みのタネでした。

でも、さすがに自立を重んじるアメリカの若者です。彼女の大学のクラスメートにアジア系は彼女一人ということもあり、大学の四年目を迎えるとその娘さんも積極的に就職活動に取り組み、あまり選り好みすることなく就職先を決めました。

家ではあんなに親に頼り、依存していた娘さんが、しっかりと自分の力で自分の将来、仕事を切り拓いたことに、私はアメリカ社会の底力を感じてしまいました。

一方、中国社会の子どもへの過保護はとどまる所を知らないようです。かつては、せいぜい身のまわりのことに手を出したりというレベルでしたが、今はマンションまで買い与えたり、ローンの返済まで肩代わりしたりと、子どもへの過保護、過干渉《かかんしょう》は、中国的な子どもへの「愛情表現」としてどこまでもエスカレートしています。

その結果、学校を出ても仕事を持たずに親に寄生《きせい》する、いわゆるパラサイト族が中国でも増えてきました。

もちろん親にも問題がありますが、アメリカで暮らす同僚夫妻の話を聞いていると、やはり社会全体の意識、環境の影響が大きいのではないかという気がしてなりません。

中国人のC君は、一九九〇年代に生まれた一人っ子、いわゆる「小皇帝《しょうこうてい》」世代の若者です。いつも祖父母、両親に囲まれ、家庭の中心として大切に育てられてきました。

今はもう大学生のC君ですが、たった一度、中学一年の時に学校の社会学習の課題で、新聞販売のアルバイトを週末の土日に二日間だけした以外、アルバイトの経験はないと言います。

「なぜ、そのアルバイトは二日間しか続かなかったのですか?」と私がたずねると、「まわりの人から『小さいのに仕事をさせられて可哀想に。そんなに親はあなたに冷たいの?』とか、『ひどいね! 子どもにお金を稼がせるなんて!』と言われたから」とC君は答えました。

日本やアメリカなら、子どもが働く姿を見て「偉いね!」と激励《げきれい》することはあっても、そんな言い方をする人はまずいないのではないでしょうか。

中国では一九八〇年代からさまざまな改革が始まり、教育についても一九九〇年代から仕組みや制度が大きく変わりました。大学や大学生の数も増え、一方で以前のように、大学を卒業すれば国が仕事を斡旋する、かならず何かの仕事を保証《ほしょう》するという仕組みがなくなったので、学生たちは自分で卒業後の就職先を見つけなければならなくなりました。
これまで仕事の体験もなければ、仕事への意識も意欲も希薄《きはく》なC君は、他の同年代の若者と同様、社会人として自立しなければならないことについて、畏《おそ》れと戸惑《とまど》いでいっぱいだといいます。

実際、ここ数年、中国の大学生は卒業後の就職難に直面しています。確かに大卒者の増加といった環境の変化もありますが、やはり個人の意識にも大きな問題があるようです。

仕事への現実的な意識が希薄な彼らは、華やかな経済の高度成長の中で「よい仕事」「よい収入」を過度に求め、現実の就職先となかなか折り合いがつけられないようです。また温室育ちの一人っ子たちは、現実の社会に踏み出す勇気が持てないという、自分自身の中の問題も抱えています。

そんな内心ではまだ自立したくない、親のもとにいたい、社会に出たくないと考えている彼らにとって、今の中国には現実を逃避《とうひ》するモラトリアムのためのいくつかの選択肢《せんたくし》があります。

一つは「啃老族（カンラオズゥ：親のすねをかじる人）」として親に寄生する。もう一つは、さらに進学して修士や博士の学位をとり、楽で給料のいい仕事がくるのを待つ。そして最後が、より進学が容易な外国へ私費留学して、何かよいチャンスが到来《とうらい》するのを期待する。いずれもお金はすべて親に負担させる、というのが彼らの処世術《しょせいじゅつ》です。

強烈に自己主張する。どこまでも欲求、みずからの享楽《きょうらく》を追求《ついきゅう》する。あるいは欧米流の生き方に憧《あこが》れる彼らですが、いざ自身の自立の話となると、瞬間に生き生きとした目の輝きが消え、途端《とたん》に声が小さくなってしまうのです。

いつまでも親に依存《いそん》する、みずからの力で踏み出そうとしない彼らに対して、中国の周囲の目は「頼れる親がいるのだから」と、意外に寛大《かんだい》です。本人たちも、親に頼ることを恥《は》じるというよりは、親の経済力を自慢するという気持ちすらあるように感じます。

大学卒業を目前に控《ひか》えたC君も、イギリスへ留学することにしました。もちろん学費や生活費などすべての費用は親に出してもらうそうです。

「アルバイトはしないの？」と訊《き》くと「するつもりはありません」、そして「留学後の就職は？」と訊くと「まだ考えていません」という答えが返ってきました。

もちろん、C君に夢がない訳ではありません。C君の夢はマーケティングの仕事に就くこと。しかし、彼自身が事業家として何か新しいビジネスに挑戦しようというのでも、ナンバーワンのコンサルタントとして活躍したいという訳でもないようです。

そんなどことなく受け身で、将来の目標というにはちょっと頼りなげな「夢」に向かって、C君は目下英語を勉強中ということでした。

自分なりの夢に向かって仕事に取り組もうとする日本人のA君とB君、たくましく自立して人生を楽しもうと就職を決めたアメリカの同僚夫婦の娘さん。そして社会人になることの具体的な意味やイメージを持たないまま、なんとなくよい仕事、よい収入を求めて留学を決めた中国の一人っ子世代のC君。

それぞれの国で育ったこの同世代の若者たちが、これからどんな未来を切り拓いていくのか、楽しみでもあり、ちょっと心配な思いもするのです。

現代の中国には「成人の日」がない

着物姿の初詣《はつもうで》、とても日本らしいお正月の風景です。そのお正月が過ぎてしばらくすると、また若い人たちの着物姿を街のあちこちで見かけるようになります。

一月の第二月曜日、この日、二〇歳になった成人を祝い、一人前の社会人としての自覚や責任を意識してもらうためのセレモニーが、自治体の主催《しゅさい》で日本各地で行われます。

この成人の日の風景は、お正月やお祭りといった日本の伝統行事と同じように、中国でも報道されています。

「成人の日」といった特別のお祝いの日がなく、成人式といった特別のセレモニーを経験することがない中国の若者には、この日本の成人式は新鮮で、少し羨ましいものに映っているようです。

中国の成人年齢は一八歳です。具体的には一八歳になれば、どこかに勤めることができる、あるいは軍隊に入ることができるというように、一人前の労働者、社会人として認められるようになります。

中国の大人は全員、政府が発行する身分証明書を持っていますが、これが発行されるのも一八歳になってからです。また、仕事中に親が亡くなった子どもの教育費や生活費を、親の勤務先がみるのも一八歳まで。両親を亡くした子どもたちのための孤児院でも、一八歳になれば自立が求められます。

ですから、もし大学に合格すれば、進学の支援《しえん》を、そうでない場合には仕事について自立する、というように、一八歳を境に一人前の人間としての自立、責任が問われるようになります。

その昔、中国では一五歳が女性の成人の年齢、つまりお嫁さんにいける年齢でした。ですから一五歳になると、女性はそれまでおろしていた髪を高く結《ゆ》い上げて、結婚適齢《てきれい》期になったことを示しました。

その高く結い上げた髪形に「笄（ジー）」と呼ぶかんざしを使うので、女性の一五歳のことを「及笄（ジージー）」ともいいます。「年己及笄（ニェンイージージー）」という言葉は、「すでに一五歳になった」、あるいは「すでに結婚適齢期になった」ことを意味します。

つまり、当時の女性は、結婚できる一五歳が大人となる節目《ふしめ》の年齢でした。

また、男性は二〇歳になると、「冠礼（グァンリー）」という儀式《ぎしき》を行いました。「冠」は成人になった男性がかぶる帽子のこと。ですから「冠礼」は大人の男性のシンボルである「冠」を初めてかぶる、今の成人式にあたる儀式でした。

また、「弱冠（ロゥグァン）」という言葉もあります。「弱」は「壮」すなわち当時の壮《そう》年《ねん》である三〇代より年少の意味、つまり「弱冠」は成人したばかりの二〇代の若者を指す言葉です。

かつては「結婚」が一つの節目とされた成人の意味も、時代とともに変化してきました。日本の「成人」は、大っぴらにタバコやお酒が飲める年齢を意味するようです。

日本では親の同意があれば女性は一六歳、男性は一八歳で結婚できますが、これは中学を一五歳で卒業すれば、仕事に就くことができることと関係しているのかもしれません。

中国でも一八歳の成人年齢は結婚の年齢規準《きじゅん》ではありません。意外かもしれませんが、中国の婚姻《こんいん》法上の結婚年齢は日本より遅く、女性は二〇歳、男性は二二歳となっています。

一方で中国は五六の民族からなる多民族国家です。総人口の九割が漢民族《かんみんぞく》なので、相対的に人口の少ない他の五五の民族は、少数民族とも呼ばれています。

中国には国としての成人の日はありませんが、それぞれの民族には伝統的な成人を迎えるための風習、儀式があります。

例えばダイ族（中国西南部）では成人になると男性も女性も歯を黒く染めます。歯を黒く染めることで、男女とも異性との付き合いが認められ、同時に男性は、鳥や獣、草花の模様の刺青を成人のしるしとして体に彫り込みます。

また、ナシ族（中国南部）の人々は、成人を迎えると、男性は成人だけが使える特別の模様の入ったズボンを穿き、女性は髪を高く結うようになって、首飾りやイヤリング、腕輪など、大人だけの装飾《そうしょく》品を身につけ、さらに成人だけが穿く襞《ひだ》のたくさん入った長いスカートを着るようになります。

イ族（中国西南部）も成人を機に髪形を変え、大人になったしるしのイヤリングや独特《どくとく》の装飾のあるスカートを着けるようになるというように、多くの少数民族の「成人」は、外見を大きく変えることで、明確に男女の付き合い、結婚が周囲から認められるようになる大きな節目、という意味合いを持っています。

国で定められた成人年齢、結婚年齢も、少数民族に対してはそれぞれの伝統、習慣が尊重されています。

以前私はヤオ族（中国南部）の村へ、民族文化の調査《ちょうさ》に行ったことがあります。滞在している間に、ちょうどヤオ族の人の結婚式があったので、見学することができました。新郎は一七歳、新婦は一六歳、二人ともとても幼い印象のカップルでした。伝統的に早婚が多いので、村には四世代、五世代が同居している家族も少なくありません。

莫大な人口を抱える中国では、一九七〇年代の終わりから、いわゆる「一人っ子政策」が漢民族を対象に始まりましたが、少数民族はこの対象とされませんでした。ですから少数民族の家庭は、どこも兄弟が何人もいてとても賑やかです。

ある年、私は日本人と一緒に中国の南にあるミャオ族の村へ行きました。山あいに家々が点在する風景は一見寂《さび》しげですが、私たちの歓迎会の開始を知らせるために、谷間にある共同の脱穀の作業場で男たちが芦笙《あしぶえ》（竹製の管楽器）を吹くと、どこからともなく村人が集まってきて、あっという間に作業場の広場やまわりの丘の斜面《しゃめん》は、座ったり立ったりしている村人でいっぱいになりました。

特に印象的だったのは圧倒的に子どもたちが多かったことです。村の人に訊くと、子どもが五、六人いる家庭はごく普通ということでした。

おだやかな自然の中で、人が成熟し、家庭を作り、人々とともに生きていく。そんなとても人間的な幸福の中の「成人」の意味を、少数民族の人々は守り続けています。

しかし、経済が発展した都市部では、モノが豊かになるにつれて、若者の金銭や享楽《きょうらく》への志向が強くなり、一方で周囲への感謝、社会に対する責任感がだんだん希薄《きはく》になってきたともいわれています。

今では一八歳の成人のお祝いを、まるで親の経済力を誇示するように、ホテルの盛大なパーティで迎えるといった若者も、都会では珍しくなくなってきました。

こうした風潮を危惧する学校では、一八歳の学生に、自分の成長を振り返って親に感謝する、一人前の社会人としての自覚を促すといった機会を積極的に作ろうといった取り組みを始めています。

中国でも「成人の日」を制定し、成人を迎える節目に、若者の自覚、社会的な責任の意識を見つめさせるきっかけにするべきではないか、そんな声が近年、社会、教育の現場から高まっています。

注：中国の結婚年齢について

建国まもない一九五〇年に毛沢東《もうたくとう》が主導《しゅどう》した政策《せいさく》では、国力を高めるために人口を増やそうと、女性の結婚年齢は一八歳、男性は二〇歳としましたが、一九八〇年には人口の急増を抑《おさ》えるため現在の結婚年齢に改正されました。

日本も中国もネット依存《いそん》の「無縁」の人たちが増えている

それまで、中国の家庭とはまったく無縁の存在だったパソコンが、一九九〇年代に入ったころから、中国の家庭にも入り始めました。とはいっても、当時はまだ平均的な中国人の給料は一〇〇元未満の時代ですから、一万元近くもするパソコンを買えるのは、限られたごく一部の人々でした。

しかし、一九九〇年代後半になると、パソコンの価格が急速に下がりだし、それにつれて中国の普通の家庭にも次第にパソコンが広がり始めます。

パソコンこそ新しい時代の進歩の象徴だと受けとめた人たちは、この進歩の象徴をなんとか自分の子どもに与えようと貯金をはたき、あれこれ節約を重ねてパソコンに投資《とうし》したのです。

「うちはパソコンを買ったの！」と言うのは、ちょうど初めてのテレビを買った時と同じように、教育熱心な中国の人々にとって、大きな自慢の種となりました。

また、当時はまだまだ住宅も余裕《よゆう》のない時代でしたが、子どもにより静かに勉強できる環境を与えようと、親たちは自分の居場所を犠牲《ぎせい》にしてでも、子どもの勉強部屋を用意するようになりました。

それまで家族みんなの目線の中で、食事兼勉強用のテーブルで宿題に取り組んでいた子どもたちは、親の用意した専用の部屋に一人閉じこもり、パソコンを相手に外界と遮断された一人だけの時間を持つようになりました。

いつまでもゲームを楽しめるパソコンとの生活は、やがて子どもたちを外の世界や生の人間関係から遠ざけるようになりました。子ども自身もパソコンから離れられなくなり、パソコンだけがコミュニケーションの相手、パソコンとしかコミュニケーションできない子どもたちが増えていきました。

学校から帰ってきた子どもはまっすぐ自分の部屋へ向かい、パソコンに夢中になる。そんな様子を見て、そのころの親たちは、自分の子どもが新しい時代の進歩の中心にいる、そんな満ち足りた気分に浸っていたのです。

しかし、やがて親たちは子どもたちの変化に気づき始めます。外で近所の子どもたちと遊ばない。親との会話も少なくなった。気持ちが不安定になって、ちょっとしたことですぐに怒り出したり、親に対して乱暴な口をきくようになった。

そして、近年では、ネットやゲームに没頭する子どもに口出しする親に暴力をふるう、さらには自分の親を殺したり、学校をサボってネットカフェで遊んでいる生徒を注意した先生が殺されるといった事件まで起こっています。

もともと親を大事にする、先生を敬《うやま》うという伝統のある中国ですが、子どもたちの間でネットの影響《えいきょう》が広まる中で、かつては考えられないような事件が次々と起きています。しかも気がかりなのは、こうした傾向が、特別な一部の子どもたちだけの問題ではなくなっていることです。

ある時中国の学校で、ネットカフェに入り浸《びた》り学校をサボった生徒に「なんで学校をサボってまでゲームに夢中になるんだ」と教師が教室でその生徒にただしました。

その生徒は「最後までやらないと、相手にやられちゃうから」と答えましたが、むしろ先生が衝撃《しょうげき》を受けたのは、「彼を理解できる。共感《きょうかん》する」と、その子を支持《しじ》した生徒がクラスの少数派ではなかったことでした。

今中国には、七億人に及ぶインターネット人口があり、そのうちの千数百万人がネット依存症だといわれています。中でも青少年はその八割近くを占めるといわれています。当初は個人の問題、家庭の問題と思われていたネット依存ですが、今では社会の病理現象といわれるまでに深刻《しんこく》化しています。

ちょうどインターネットの成長と経済の発展《はってん》期が重なり、日本や欧米以上にパソコンやインターネットが急激に浸透した中国は、その副作用も過激《かげき》でした。それまで想像もしなかった新たな社会問題に、政府、学校、親たちは戸惑い、ネット依存症を矯正《きょうせい》する訓練センターがあちこちに登場しました。

かつて誰よりも積極的に子どもたちにパソコンを買い与えた親たちは、今また複雑な気持ちで子どもたちを訓練センターに連れていくのです。

中国でも一九八〇年代以降に生まれた世代は、パソコンとともに成長してきた世代です。確かに知識は豊富《ほうふ》で、新しい時代の動きに敏感《びんかん》な一方、匿名《とくめい》で無責任な行動をとりやすいネット社会に深く馴染んでいるためか、言葉や行動が過激で、自己中心的《じこちゅうしんてき》な一面があります。

ネット上での言葉の攻撃、ゲームの中では日常的な闘争《とうそう》、殺し合いをくり返す殺伐《さつばつ》とした感情がついつい表情に出てしまう彼らは、現実の人間関係の中でも柔軟性《じゅうなんせい》や協調性《きょうちょうせい》に乏しい印象を受けます。

つまり、本当は複雑な人間同士の関係、社会についても、まるでゲームのように単純な「敵か味方か」「勝つか負けるか」といった二元的な視点で物事を見ているように感じます。

そんなネットの中でしか交流できない、遠く離れた、見えない、不特定の相手としか交流できない若者たち。パソコンやネットの普及によって、こうしたまわりとの関係、縁を持たない、ナマの人間同士の関係、縁を持ちたがらない、いわゆる「無縁の人」が中国人の間に確実に増えています。

本来はみずから積極的に人間関係を作ろうとするのが中国人らしさなのですが、こうした「無縁の人」が若い世代の間に増殖《ぞうしょく》するとは、思いもよらないことでした。

日本でもネット依存は大きな社会問題です。ネット社会という時代背景は同じですが、中国人とはまた違った日本人特有の性格が、この問題を別のかたちで重く、根深いものとしているように思います。

私自身、長らく日本で暮らす間に、日本人の人間関係は、その互いの距離感がとても大切、というよりも人間関係の基本であることを実感してきました。日本人は相手が近ければ近いほど気をつかうので、ご近所より遠く離れた人の方が、より気楽に本音の話ができるという話も、しばしば日本人自身から聞くことがあります。

学生と話していても、ちょっとでも気まずいことがあると、仲間から浮いてしまうので、人間関係に気をつかって疲れてしまう、という話をよく耳にします。

しかし、ネットなら、互いに知らないので気をつかわず、なんでも話すことができる、と学生が教えてくれました。

また、「人に迷惑をかけたくない。人間関係を破綻《はたん》させたくない」という日本人的な心情も、人との距離を大切にするあまり、人から離れ、孤立《こりつ》に自分自身を追い込む傾向《けいこう》があるように感じます。

しかし、いくら閉じ籠《こも》ろうとしても、人間はやはり誰かと話したくなるもの。ですから結局ネットの中に話し相手を求めるようになり、その結果日本では、ネット依存が若者だけではなく、大人の間にも静かに広がっているようです。

先日、二年前に卒業した日本人の学生と出会いました。彼の話によると、就職先が見つからなかったので、この二年間ずっとネットやゲームを相手に過ごしてきたそうです。久しぶりに会ったその学生は、「○○先生はお元気ですか？」、「中国語も、もう『ニーハオ』くらいしか覚えていません」と、次々に学生時代の思い出話を始め、最後に「こんなに人と話したのは久しぶりです」と言いました。

その最後の言葉にちょっとびっくりすると同時に、彼が切実に誰かと話したがっていることが痛いほど伝わってきました。別れ際、「アルバイトでもしてみたら。ナマの人間とたくさん話をしてね」と私が言うと、彼は「ありがとうございました」というひとことを残し、人ごみの中へ去って行きました。私は、遠ざかっていく彼の後ろ姿を見送りながら、気になって仕方がありませんでした。

インターネットが人々の暮らしに欠かせないもの、そして空気のように当たり前のものとなる中で、日本でも中国でも、現実の世界、人間関係から離れてネットの世界に身の置き所を見つけた「無縁の人」が増えています。

そして一方では、これをビジネスの機会《きかい》とする人たちも現れています。見ず知らずの人からの電話を受けて、聞き役、話し相手になってお金をもらうというサービスが日本にも中国にも登場しています。

しかし、人間は互いの目と目を合わせて、初めて感じ合う、通じ合うものがあります。互いの視線、息づかい、体温、そうした複雑で、多様なコミュニケーションができるのが人間、そしてそれを求めるのが人間の本性です。

中国語の「無視（ウースー）」は文字通り目線を交わさないこと、相手を見もしない、まったく相手にしないことです。

「無視」することは、やりとりのあるケンカよりも相手に深い心の傷を与えます。やはり人間は人の目線を求めるもの、ネットだけでは生きられないものだと思うのですが。

貧しい国から「爆買い」する大国になった中国

近年、中国人の観光客が世界中を訪れるようになり、同時にその旺盛《おうせい》な買いものぶりから「爆買い」という言葉がテレビや新聞に登場するようになりました。

この「爆買い」という言葉は、中国語でも「爆買（バオマイ）」という新語として、中国の新聞や人々の会話の中にも登場するようになりました。

しかし、中国人の「爆買い」を歓迎する店側の経営者にとっても、押し寄せる中国人に眉《まゆ》をひそめる現地の住民にとっても、なぜ中国人の観光客がそこまで旺盛な買いものに走るのか、その理由は謎のままのようです。

その謎解きには「爆買い」を生み出した、中国の時代背景がヒントになります。

もともと中国には「爆買」という言葉はありませんでした。そもそも、かつての中国には「爆買い」できる環境もありませんでした。

一九八〇年代までの中国は社会主義による計画経済の国。つまり食料品に始まる生活に必要なものすべてが配給制《はいきゅうせい》でした。食糧《しょくりょう》以外でも、例えば服を作るための生地《きじ》であれ、石鹸《せっけん》であれ、時計であれ、それを買うには、それぞれを買うための「配給券」が必要でした。

しかし、八〇年代に改革開放政策《かいかくかいほうせいさく》が始まり、中国の経済は徐々《じょじょ》に市場経済へと移行していきます。これをきっかけに、停滞《ていたい》していた経済はまるで火がついたように活気を帯《お》び、人々の収入の拡大とともに、それまでの計画経済の時代には考えられない、豊かな消費や旅行、レジャーへの関心が芽生《めば》え始めました。

つまり、以前の日々暮らすだけで精一杯だった毎日に、貯蓄《ちょちく》をする余裕《よゆう》と、貯蓄をする「理由」が生まれたのです。

旅行に対する考え方も、当時の中国と日本では大きく違います。江戸時代から人生一度は「お伊勢参り」の伝統があった日本では、学校の修学旅行や、職場での懇親《こんしん》旅行、そして家族で海や山、観光地を訪れる家族旅行も、暮らしの中に自然と根づいているようです。しかし、一九八〇年代までの中国では、旅行そのものを目的にする、いわゆる「旅行のための旅行」という考え方は一般的ではありませんでした。

せいぜい仕事の出張の時に、まわりの名所をまわったり、遠くに住んでいる親戚を訪れる際に周辺を見てまわるのが、当時の「観光旅行」でした。

ですから、親戚があちこちにいる人は、羨《うらや》ましがられました。私の小さいころ、近所に住んでいたお婆さんは「うちは子どもが多くて大変だったけれど、今は子どもたちが中国の東西南北にいて、子どもたちの所をまわる（＝旅行する）のに忙しい」といつも自慢げに話していたことを覚えています。

市場経済化以来、徐々に豊かさを実感する中で、人々の旅行に対する考え方も、「革命的」に変化したのです。

また中国から出国する条件も大きく変わりました。以前は、公的な仕事や留学などにパスポートの発行も限られていました。一九九〇年代になると、私的な自費留学に対してもパスポートが発行されるようになります。

さらに二〇〇〇年以降になると、仕事でも留学でもない、私的な旅行にもパスポートが発行されるようになりました。

これで人々にとって「海外旅行」は、することが可能なものへと大きく変化しました。また、日本でも海外からの観光客を誘致《ゆうち》するためのビザ発給条件の緩和《かんわ》が始まります。二〇〇〇年には北京《ぺきん》市、上海《しゃんはい》市、広東省《かんとんしょう》の住民を対象に団体旅行が解禁され、二〇〇五年には、これが中国全土まで対象が広げられます。さらに二〇〇九年には北京、上海、広州《こうしゅう》での手続きに限られますが、富裕層《ふゆうそう》を対象に個人の観光旅行者へのビザ発給も始まりました。

中国人へのビザ発給の条件は二〇一〇年も緩和され、二〇一五年には、有効期間中は何度も日本に入国できる、数次ビザの発給も認められるようになりました。

ビザの発給申請に、中国での在職証明書、年収証明書、定期預金の残高証明書、所有する不動産の証明書が必要なことはいまだに同じですが、年収条件は当初の富裕層を対象とする何百万元から、中間層を対象とする何十万元、そして一般庶民《しょみん》も対象となる何万元にまで大幅に緩和されています。

さらに、二〇一四年から始まった消費税免税範囲の拡大、アベノミクスにともなう円安の進行、そして何より中国から近くて航空運賃が安く、言葉はわからなくても同じ漢字の国という安心感が、中国人観光客の日本訪問を後押ししています。

初めて日本に来る中国人にとっては団体ツアーの費用の安さも大きな魅力《みりょく》です。

「六〇〇〇元で五泊六日。飛行機代もホテル代も食事代もみんな入っているの！」

最初、知り合いからそう聞いた時、「それって現地（日本）集合？　もしかして詐欺？」と思わず言ってしまいました。

なぜならその金額は、私が夏休みに中国に帰る時の飛行機代の半額。

でも、その知り合いはそのツアーで本当に日本にやって来ました。「予想よりずいぶん旅行代が安かったから、その分全部買いものに使うの！」とその知り合いは嬉しそうでした。

それに団体ツアーはすべてツアーガイドまかせだからラクチン！　気楽に行って、食べて、遊んで、買いものするだけ。「爆買い」の条件が揃っています。

爆買いしたお土産で「故郷《こきょう》に錦《にしき》を飾《かざ》る」

『旧唐書《くとうじょ》・姜謩伝』の中に「衣錦還郷、古人所尚（イージンホァンシャン、グーレンソーサン）」という言葉があります。

日本語でいえば「故郷に錦を飾る」ですが、もともとは官僚として成功し、立派な官服を纏って、故郷に誇らしく成功した姿を見せる。つまり地位や経済力を故郷の人々に見せつけることです。

二〇〇〇年の時を経ても、中国人の成功のイメージ、人生の目標としての「衣錦還郷」は、いまだに中国人の心に深く染み込んでいます。こうしたメンツを重んじる精神性は、中国人には欠かせないエネルギーの源です。

海外旅行に行けない人にとっては、海外に行ったというだけで凄いと感じ、さらに抱えきれないほどのお土産を目にすると、その経済力に圧倒されてしまいます。

中国には故郷から海外に飛び出した華僑《かきょう》の伝統もありますし、今でも地方から多くの人たちが、豊かさを目指して都会へ出稼《でかせ》ぎに出かけています。

この人たちは、行った先でどれだけ苦労し、節約を重ねても、故郷に帰る時はかならず持ち切れないほどの荷物、お土産を抱えて帰って行きます。

これは自分自身のためだけでなく、故郷で待つ親族のメンツのためにも、けっして欠くことのできない「衣錦還郷」なのです。もし、「錦が飾れない」なら、むしろ理由をつけて故郷に帰らない、というのが中国人的な考え方です。

こうした経済環境や日本の政策の変化、中国人の精神性、加えて日本での買いものの選択肢の豊富さが、中国からの訪日客の旺盛な購買意欲を支えています。

爆買いはカタチを変えていく

今や日本の経済にとっても、中国人観光客の「爆買い」は無視できないほど大きな存在感を持つに至ったようです。一方で中国の経済成長もかつての勢いを失いつつある今、「爆買い」の先行きが心配されるのも当然かもしれません。

日本に転売目的の商品の仕入れに来る人たちを別にすれば、訪日旅行で「故郷に錦を飾った」人々が、また日本で同じ「爆買い」をくり返す可能性はまず低いと思います。

中国人の普通の考え方からは、同じ場所にくり返し行くよりも、「行った国の多さ」重視で、別の国へ行きたいと考えるでしょう。となると「爆買い」も当然そこで行われることになります。

ただ、中国にとって欧米は遠く、日本は圧倒的に近い外国です。ですから純粋に見知らぬ外国を旅行する楽しみ、旅行先で買いものをする楽しみから、日本を再訪する人も少なくないように思います。

一昨年の年末、私は主人と二人で四国の道後《どうご》温泉へ行きました。日本人にとっては夏目《なつめ》漱石《そうせき》の小説『坊っちゃん』でも有名な道後温泉、さらに『坂の上の雲』で再び脚光を浴びた正岡子規《まさおかしき》、そして古《いにしえ》の面影《おもかげ》を深くとどめる松山《まつやま》城と魅力満載《まんさい》の観光地だと思いますが、まさか年の瀬に、松山で複数の中国人観光客と出会うとは思いませんでした。

ここに来た中国からの再訪者の関心は、もう中国人観光客が殺到《さっとう》する京都《きょうと》の清水寺《きよみずでら》や、大阪《おおさか》の道頓堀《どうとんぼり》、箱根やスカイツリーではないかもしれません。

そこは一度行けば十分。彼らはもっと日本的な食や日本家屋をはじめとする生活文化、伝統、歴史、そして日本の原風景といったものに関心を寄せているように見えます。

けっして中国人の大多数がそうなるとは思いませんが、日本にやって来たことで、さらに関心を深め再度日本を訪れる中国人も少なくありません。まして日本は中国の隣国、中国人にとってはとても行きやすい外国旅行の訪問地です。

そしてなんといっても、中国は人口一三億超の巨大な国です。日本政府観光局の資料によれば、二〇一六年の一月から一二月に日本を訪れた中国人は六三七万三〇〇〇人だそうですが、これも中国の人口のわずか0．5％です。

一方で中国国家観光局によると、二〇一四年一月から一一月に海外へ旅行をした中国人は、一億六〇〇〇万人と人口の一割を超えたといわれています。ここから見ても日本に来ている中国人はほんの一部、まだまだ中国からの旅行者は、その数も行動の範囲も広がるように思います。

ちなみに二〇一五年は一億二〇〇〇万人、二〇一六年には一億二二〇〇万人の中国人が海外に出かけていきます。

ここ二、三年、中国経済は減速しているといわれていますが、中国人の海外旅行の勢いは依然《いぜん》として衰えていません。

もう一つ見逃せないのが、今の中国では日本以上にインターネット、スマホが人々の暮らしに深く浸透《しんとう》していることです。ですから、これから日本へ行こうと考えている人たちが旅行の情報を集めるにも、インターネットやスマホが大活躍《だいかつやく》。そしてそこで見られているのは、先に日本を訪れた訪日客、リピーターの書き込んだ記事が大半です。そのため旅先の好印象は次々と伝播《でんぱ》していきます。日本の暮らしや文化に触《ふ》れるさまざまな体験、日本各地にある日本的な魅力そのものが中国人の観光客を惹《ひ》きつけ、そして中国人の「爆買い」がカタチを変えて、地域の経済に好ましい影響《えいきょう》を及ぼすようになる、互いの暮らし、文化が刺激し合う中で、モノや経済の交流が深化《しんか》する、そんな日本と中国との新しい付き合い方が、もう始まっているのかもしれません。

中国人はすべては「お金のため」を変えるかもしれない

私が日本人の研究者の一行と、初めて中国の南にある融水ミャオ族自治県へ行ったのは一九八六年、まだ少数民族地域への外国人の立ち入りには特別の許可が必要な時代でした。初めて訪れたミャオ族の村は豊かな緑に恵《めぐ》まれた山あいの美しい村。林業の他、竹の子やキクラゲ、もち米作りが盛んで、村の人々はほとんど自給自足《じきゅうじそく》の生活をしていました。

当時、村にはまだ舗装《ほそう》された道路はなく、川を渡るにも船に頼るしかありませんでした。

電気が通っているのも村の役場だけで、急いで何かを村人に伝えるのは、役場の大きなスピーカー、という暮らしぶりは、都会に暮らす人には一見不便《ふべん》なことだらけですが、緑の木々がいっぱいの山々、豊かな川の流れ、割り竹を使って山からの湧水《わきみず》を家々まで引いてくる泉水と、どこまでも穏《おだ》やかで、ゆったりとした暮らしがそこにありました。

村の食文化もとても豊かでした。「酸肉（スワンロゥ）」「酸魚（スワンユィ）」は、豚肉、魚の肉を大きなカメに漬けこんで、発酵《はっこう》させた酸味のある保存食で、ミャオ族に先祖代々受け継がれてきた御馳走です。

さらに都会の食卓ではなかなか見かけない、バナナの木の芯のやわらかい部分やワラビ等の山菜も、ミャオ族の食卓には欠かせないものです。

また、もともと中国の都会では食べる習慣がなく、最近は日本からの健康食品として紹介されている蒟蒻《こんにゃく》も、苗族の人たちにとっては、昔から「山豆腐（サンドウフ）」として親しまれてきた伝統的な食品です。

豊かなのは食文化だけではありません。祭りや慶事《けいじ》に欠かせない「苗笛（ミャオディ：竹の笛）」や、これも日本の伝統楽器と同じルーツを感じさせる「芦笙《あしぶえ》」を使ったミャオ族独特の音楽、「踩堂舞（ツァイタンウ）」というミャオ族の踊りなど、伝統的な芸能《げいのう》も個性的でとても魅力的でした。

また、個人の間でも村全体でも、何か決めごと、ルールを作る時には、その当事者、村全体の決めごとなら村人全員が、それを取り決めた証として、岩を柱のように立ててそこに集まって誓約《せいやく》する「竪岩（スゥイェン）」の風習《ふうしゅう》など、社会の仕組みはさらに人間的で、とても印象深いものでした。

それから二十数年、そのミャオ族の村を再訪する機会がありました。かつて晴れればホコリだらけ、雨が降ればドロドロのぬかるみになってしまった村の道路は、政府や企業の支援で舗装され、船で渡るしかなかった川には橋も架けられていました。電気が引かれた家々にはテレビや冷蔵庫があり、年寄りの人たちまでが携帯電話を手にしていました。

でも、もともとミャオ族の言葉には文字がありませんし、学校教育を受けていないお年寄りの人たちは漢字も読めません。どうやって携帯電話を使うのかちょっと不思議に思って訊くと、「声だけ伝われば十分だよ！」と九〇歳過ぎのお爺さんがニコニコしながら教えてくれました。

このように暮らしぶりはずいぶん変わりましたが、以前お世話になった「吊脚楼（ディアオジャオロウ：何本かの柱で支える高床式《たかゆかしき》の建物で、一階部分では家畜《かちく》を飼い、二階以上に人が住む苗族の伝統的な住宅）」は今も健在でした。

中国の都会では経済の発展とともに犯罪率が上昇し、家の鍵を二重三重にするのは当たり前、ベランダや窓には泥棒《どろぼう》除けの鉄の柵までつけるのが普通の光景になっています。

しかし、ここミャオ族の村では、いまだに夜もドアを閉めたり、ましてや鍵をかけたりしない暮らしが続いていていました。

かつて興味津津で聞いた、人を騙《だま》したり、人のものを盗んだり、村の決めごと、ルールに反することをした場合は、大切な財産である自分の豚を殺し、その肉を配りながら、村人すべてを一軒一軒まわって謝罪しなければならないという、昔ながらの「罰肉塊（ファーロゥクワィ）」の風習もそのまま。何よりあの時目にした人々の優しさや笑顔も当時のままという、まさに桃源郷のような村が変わらずそこにありました。

その村で出会ったFさんは、広州の名門大学を卒業して広州で就職したミャオ族の二〇代の若者です。

村の暮らしと都会の暮らしの両方を知るFさんは「村にいた時は、都会の暮らしに憧れていましたが、実際に都会で暮らしていると、生まれ育った故郷の山や川、村独特の暮らしが懐かしくなります」と話してくれました。

私が村で出会ったミャオ族の人たちもみんな本当に親切でした。顔なじみの村人に対してはもちろん、外からやって来た見知らぬ人にも、家に来れば伝統的な「油茶（ヨーツァー）」を作ったり、もち米のご飯をふるまったり、とにかく食べもので、心からの歓迎の気持ちを表してくれます。

村の子どもたちは、自由に村の家々に入り込んで遊んでいますが、みんな遊びに入った家々で出されるご飯、彼らのいう「百家飯（バイジャーファン）」を食べて育ちます。「僕もこの『百家飯』で大きくなりました。今も、お休みになると漢民族の同僚や友だちをつれて村に帰ってきては、『百家飯』を楽しみます」と、Fさんはちょっと自慢気に私に教えてくれました。

また、ミャオ族の村には、とても自然と調和した米作りの伝統があります。彼らは、田植えの時季になると、「禾花魚（フーホヮユィ）」と呼ばれる魚の稚魚《ちぎょ》を水田に放し、稲の害虫を魚に食べてもらうと同時に、その糞が肥料となって稲を育てるという農業を長年続けてきました。

また、棚田が広がる村の田んぼは、機械が使いにくいので収穫も人手頼りです。ですから米の収穫期になると、Fさんたちミャオ族の若者は、都会の友人や同僚を村に招きます。ボランティアで都会からやってくる彼らの楽しみは、田舎の素晴らしい風景と、米の収穫のあと、美味しく育った「禾花魚」を、まるで日本と同じように串に刺して塩焼きにし、収穫の終わった田んぼで、みんなが集まって宴会をすることだそうです。

こうした串に刺した塩焼きの魚を食べる習慣は、中国ではほとんど見かけません。さらにミャオ族の家には、日本の囲炉裏《いろり》とよく似た「火堂（ホウタン）」と呼ばれる炉があって、その「火堂」で串刺しの魚を塩焼きにして食べる風景は、懐かしい日本の囲炉裏端を思い起こさせ、ちょっと不思議な気分になります。

このミャオ族の村のような、平和で心豊かな暮らしは、都会から離れた少数民族の村には少なくありません。

三江侗（ドン）族自治県の丹州島は小さな島ですが、侗族のほか、ヤオ族、ミャオ族、チワン族、漢民族などの人たちが、数百年来、平和に共存して暮らしてきました。

島の人々の主な仕事は農業で、豚や鶏、アヒルなどを飼ったり、野菜や果物を育てる自給自足の生活をしています。そして今も「路不拾遺、夜不閉戸（ルーブースーイー、イェブービーフー）」という昔からの風習がしっかりと残っています。

つまり、他人が道に落としたものも拾わない＝人のものはとらない。だから夜、戸を閉めなくても泥棒の心配がいらないという島です。人を騙してはいけない、人のものを盗んではいけない、そんな昔からの戒めが守られているので、野菜や果物を台に並べておくだけの無人販売が、今も普通に行われています。

当たり前といえば当たり前ですが、それが欲しい人は、みんなみずからキチンと無人の箱に代金を入れていくという光景は、今の中国の都会ではちょっと考えられません。

暑い南の島ですから、島の家々では、家の幅いっぱいに開けられる大きな入り口の扉を、昼も夜も閉めることはありません。ですから誰でも自由に出入りして、お庭の草花や菜園、果樹園、その家の人が大切に育てた盆栽や、趣味で集めた奇石などを見ることができます。もちろん入場料や見物料金は取ったりしません。

島の家々は、家族が住むだけでなく来客を迎える民宿も営んでいます。やって来たお客さんに出される料理は、豚の干し肉やソーセージ、鶏肉、アヒルの肉、そして種類が豊富なさまざまな野菜とすべて普段島の人々が食べている、自家製の手作りのものばかりです。もちろん、かならず食卓に上る梅酒や「重陽酒（ツォンヤンジョウ・甘酒）」も自家製です。島では名産の「柚子（ヨウズ）」もたくさん栽培されています。

中国語の「柚子」は、日本のユズではなくザボンのことです。たくさんのザボンの木が植えられた島は、一〇月になると大きな黄色いザボンがあちこちで実り、島中がザボンの香りでいっぱいになります。

ザボンは実を食べるだけでなく、皮を使ったお料理は島の名物料理ですし、お茶うけにも最適なザボンの皮を砂糖漬けにした「柚子皮糖（ヨウズピータン）」というお菓子も有名です。

私はこの島を訪れ、ノンビリと島の家々をめぐりました。どの家の人もとても親切で、自分の庭や畑で作った果物やお茶をご馳走してくれました。何より、久しぶりに帰ってきた家族に対するように、いろいろなお話をしてくれたことが、とても楽しい思い出になりました。

たくさんお金を稼ごうと、島から出稼ぎに出る若者もいますが、島に戻って来る若者も少なくありません。島で出会った若者の誰もが「島には映画館も、カラオケも、スーパーもありません。たしかに映画は観れないけれど、夜空には満天の星がどんな映画より素晴らしい映像のように輝いています」と言います。

私が島に行った夜、星に誘われた村人が、思い思いに二胡や椅子を手に持って広場に集まり、昔ながらの音楽を奏で、歌を歌って夜を楽しんでいた光景が忘れられません。

「車もバイクもないので、島のどこへ行くにも、自転車か自分の『11号車』（二本の足）に頼るしかないのですが、何より安心して平和に暮らせるこの島が好きです」と若者たちは言います。

すべてはお金のため、お金のためならなんでもするといった風潮が蔓延《はびこ》る都会から帰ってきた彼らにとっても、島は桃源郷なのかもしれません。

ここ数年、この島の豊かな自然、豊かな人情を求めて、都会の人が遠くから観光にやってくるようになりました。それがこの桃源郷を変えてしまわないか、私にはちょっと心配です。

あとがき

誰しも、見知らぬ外国の人と接する、あるいは文化も生活習慣も異なる異国と付き合うことには不安を感じます。こうした不安は、「文化の背景が違う人たちを理解できるだろうか」、あるいは「自分のことを理解してもらえるのだろうか」、つまりは相手を知らないことから生じる不安ではないでしょうか。

「文化」は一見抽象的《ちゅうしょうてき》でとりとめのない言葉ですが、本当はそんなに難しいものではありません。

私たちは同じ人間です。確かに文化は長い歳月の中で、人々の考え方や行動にしっかりと根を下ろし、異文化との間に違いを生み出していきますが、同時にそこの人々と接し、暮らしに触れることで、いつの間にか、その文化に「参加」していくものでもあると思います。

ここ数年、中国へ留学《りゅうがく》する日本の学生が増えてきました。これまで中国は政治的にも、思想《しそう》的にも異質な国、アメリカよりも距離は近いけれど、遠く感じる国だったようです。学生たちにとっても、中国は怖い国、中国人は日本に恨《うら》みを持った怖い人たちというのが、率直《そっちょく》な印象だったかもしれません。

しかし、一度留学や仕事で中国へ行くと、今度はみずから進んで二度三度と訪れたくなる、実際、私のまわりにはそうした人たちが少なくありません。

最初に抱いていた中国人、中国社会に対する不安も、実際に中国の人々と触れ、中国社会を日常生活の中から体験することで、むしろ異文化に接する楽しみ、あるいは互いの違いを感じながらも、ともに生きる人間としての共感《きょうかん》、そしてそこから生まれる自信、自分の世界を広げる楽しさに変化していくと彼らは言います。

日本人に対して複雑な感情を持つのは、中国の人も同じです。二十数年前まで、ほとんどの中国人は、本や映画などから日本あるいは日本人を知るしかありませんでした。

しかし、時代は、国と国、人と人との交流をどんどん広げ、仕事や勉強あるいは観光をきっかけに、なまの日本、なまの日本人に触れる機会が着実に増えてきました。

みずからの足で日本の土を踏み、実際の日本社会を体験した彼らも、それまでの日本、日本人に対して持っていた先入観を少しずつ変えています。と同時に、さまざまなショックも受けながら、互いの違いにも気づき始めています。さらに日本、日本人についてもっと知りたい、深く知りたいと思う人も増えています。

それぞれの文化を担い、体現する一人ひとりの日本人、中国人の個性がさまざまであるように、それぞれの文化、国民性も、実は多様で多元的《たげんてき》なものです。ですから一つの固定した視点からでなく、複数の視点、つまり同じ時代に生きている個人、人間として抱く共感、それぞれの思いや暮らしに対する関心、理解から、互いの理解を広げることがとても大切だと思います。

三五年前、私は多くの日本人から「中国人ってどんな人たち？」と質問を受けました。また、多くの中国人から「日本人ってどんな人たち？」とたずねられました。それから三五年が経ち、「中国人とは、どう接したらいいの？」、そして「日本人とは、どう付き合ったらいいの？」と、問われる内容もずいぶん変わってきました。

現在、かつては想像もできなかったほど大勢の中国人が日本を訪れるようになりました。接触《せっしょく》の機会が増え、お互いの距離が近づくことで、互いを理解する必要性《ひつようせい》、関心《かんしん》も格段《かくだん》に大きく、そしてより深くなってきているように思います。

知らないまま想像するだけでは何も起こりません。ポジティブな面もネガティブな面も、互いに知ること自体に重要な意義《いぎ》があります。

知りたいと思う気持ちが、互いを理解する出発点であり、互いの理解の積み重ねは、ともに生きる未来への自信となります。

何より文化は人々自身そして日々営まれる人々の暮らしの中にあります。ごく当たり前の、普通の暮らしを通じて、互いを理解すること。これは違う風土、歴史の中で育まれてきた異文化を理解する最良の方法です。

私自身もそうでしたが、ごく普通の日本人と、ごく普通のなにげない日常の暮らしをともにすることで日本人を知り、日本社会、日本文化の理解が少しずつ深まっていきました。日常の暮らしの中から、互いを知ることがすべての始まり。これは長年日本と関わってきた私の経験であり、信念《しんねん》です。

今回の本も、私のこうした思いから書き進めてきました。この本が、日本と中国の互いの理解のささやかな糸口となれば、心から嬉しく思います。

最後になりましたが、最初の読者として助言してくれた夫の石崎慎一に感謝し、また、私の心の中にいつまでも生き続けている外祖父母、祖父母、そして両親にこの本を捧げたいと思います。

二〇一七年四月

著者略歴

一九五六年、中国広西壮族自治区に生まれる。中学教師を経て、文化大革命後、最初の全国大学入試試験で広州外国語学院（現・広東外語外貿大学）日本語学科に入学。卒業後、広西大学助教になる。一九八三年、来日し、帰国後、准教授となる。一九九四年に再来日。日本人と結婚し、追手門学院大学大学院を修了。追手門学院大学、滋賀短期大学、大阪府茨木市生涯学習センターなどで語学教育を担当、多くの翻訳、通訳にも携わる。

著訳書には『わかりやすい中国語初級』（晃洋書房）、『心の画巻』『クレヨン王国（共訳）』（以上、中国広西接力出版社）、日本語の著書には『中国人を理解する30の「ツボ」』、『日本人と中国人 永遠のミゾ』（以上、講談社+α新書）などがある。

日本人《にほんじん》の不信感《ふしんかん》 中国人《ちゅうごくじん》の本心《ほんしん》

――来日《らいにち》35年《ねん》の私《わたし》にようやくほぼわかったこと！

二〇一七年五月一五日　第一刷発行

著者　李《り》 景芳《けいほう》

発行者　古屋信吾

発行所　株式会社さくら舎　http://www.sakurasha.com

東京都千代田区富士見一-二-一一　〒一〇二-〇〇七一

電話　営業　〇三-五二一一-六五三三　FAX　〇三-五二一一-六四八一

編集　〇三-五二一一-六四八〇　振替　〇〇一九〇-八-四〇二〇六〇

カバー図版　アフロ

装丁　石間　淳

印刷・製本　中央精版印刷株式会社

ISBN978-4-86581-100-1